Los *profetas,* *peligros y principios*

**Cómo entender
y madurar en lo
profético hoy**

BILL HAMON

BUENOS AIRES - MIAMI - SAN JOSÉ - SANTIAGO

www.peniel.com

©2007 Editorial Peniel

EDITORIAL PENIEL
Boedo 25
Buenos Aires, C1206AAA
Argentina
Tel. 54-11 4981-6178 / 6034
e-mail: info@peniel.com
www.peniel.com

Diseño de cubierta e interior:
ARTE PENIEL • arte@peniel.com

Publicado originalmente en inglés con el título:
Prophets, Pitfalls and Principles by Dr. Bill Hamon
Copyright © W.S. "Dr. Bill" Hamon, 1991
All rights reserved.

Hamon, Bill
Profetas, peligros y principios. - 1a ed. - Buenos Aires : Peniel, 2008.
    224 p. ; 21x14 cm.
    Traducido por: Luis Roberto Hueso M.
    ISBN 10: 987-557-214-4
    ISBN 13: 978-987-557-214-0
    1. Profecía. I. Hueso, Luis Roberto, trad. II. Título
    CDD 231.745

Impreso en Colombia / Printed in Colombia

PRÓLOGO

UN PROFETA PARA NUESTRO TIEMPO

Siempre presto atención cuando Bill Hamon profetiza o cuando escribe un libro sobre las verdades proféticas, así como cuando solo estoy con él en oración o en conversación.

La vida de Bill en Cristo, y Cristo demostrando su espíritu profético por medio de él, muestra al mundo —y a la Iglesia— que ya es tiempo de que nos demos cuenta de que Dios ha establecido en su Cuerpo no solo a los pastores, evangelistas y maestros, sino también, a los apóstoles y profetas (Efesio 4:11).

He visto por mucho tiempo a algunos de nosotros, quienes hemos sido "establecidos en la Iglesia" ya sea como pastor, evangelista, maestro, profeta o apóstol operar bajo el espíritu apostólico y profético del Espíritu Santo. También en cualquier momento, cualquier otra persona que está en uno o más de estos oficios ministeriales puede manifestar el espíritu de apóstol o de profeta. En otras palabras, esto significa que la cobertura apostólica y profética está sobre todos los cinco ministerios. Sin embargo, también sé que hay un ministerio distinto para cada uno de estos cinco oficios, incluido el de profeta.

Ver a Bill Hamon operar en el oficio profético, ver su espíritu humilde dar a Dios toda la gloria y su cuidado en alinear todo cuanto dice y hace con La Palabra de Dios es una bendición que yo necesito, y creo que todo el pueblo de Dios también necesita.

Espero que Dios bendiga con el nuevo libro de Bill, *Los Profetas, Peligros y Principios*, a todos aquellos que tengan la bendición de leerlo y estudiarlo. Doy gracias a Dios que estamos viviendo en los días en que está colocando un fresco y nuevo énfasis sobre todos los cinco ministerios de su Cuerpo, incluidos el de apóstol y profeta.

—**Oral Roberts**

DEDICATORIA

Este libro está dedicado a todo el liderazgo dentro del constituido Cuerpo de Cristo. Si las verdades que se encuentran dentro de este libro previenen aunque sea a tan solo un ministro o líder cristiano de caer presa de los peligros satánicos y de las debilidades del carácter humano, entonces, valdrá la pena todo por lo que he pasado para aprender estas lecciones, incluidas las interminables horas que ha tomado escribir este libro. *Los Profetas, Peligros y Principios* está dedicado para ayudar al pueblo de Dios a ser preservado sin culpa en cuerpo, alma y espíritu hasta la venida del Señor.

AGRADECIMIENTOS

Doy gracias a mi Junta de Gobernadores de la Red de Ministros Proféticos de Christian International (CI-NPM) quienes, por medio de su dedicado ministerio y apoyo, hicieron posible que su obispo pudiera tomarse el tiempo de su ministerio viajero tan activo para completar la comisión que Cristo le dio de quedarse en casa y acabar este libro, el cual es desesperadamente necesario.

Agradezco de corazón a mi esposa, Evelyn, por alentarme a terminar el libro, y al equipo de Christian International (CI) y de los ministerios de la CI-NPM por llevar adelante el ministerio mientras su presidente estaba escribiendo.

CONTENIDO

USO DE MAYÚSCULAS

El Dr. Hamon se ha apropiado de la regla conocida como la *Prerrogativa del Autor* al escribir con mayúsculas ciertas palabras que usualmente no se escriben así de acuerdo con las normas gramaticales. Esto se hace para dar claridad y énfasis al texto. Las referencias a la Novia/Esposa se escriben con mayúscula a causa de su unión con la Deidad a través de Jesucristo. **Profetas** se coloca a veces en negrita para propósitos de énfasis. Compañía de Profetas se escribe con mayúsculas para designar un grupo específico de profetas. Movimiento Profético se escribe con mayúsculas cuando hace referencia al mayor movimiento de restauración dentro de la Iglesia. La palabra Escritura se escribe con mayúscula solamente cuando se refiere a La Biblia entera. Iglesia y Cuerpo, cuando se refiere al Cuerpo universal de Cristo. La iglesia sin mayúscula, cuando se refiere a una iglesia denominacional o local. Logos/Palabra cuando se refiere a La Biblia entera; rhema/palabra cuando se refiere a escrituras individuales y palabras proféticas.

Todas las escrituras son tomadas de la Nueva Versión Internacional (NVI) a menos que se diga lo contrario. Cuando se cita la escritura, el autor algunas veces escribe en **negrita** por razones de énfasis.

I

EL PROCESO DE PREPARACIÓN DE DIOS PARA ESCRIBIR EL LIBRO
PROFETAS PELIGROS Y PRINCIPIOS

En 1950 terminé mi entrenamiento universitario en Biblia, con grandes ideas de cambiar el mundo para Jesucristo. Era audaz, apasionado y ambicioso. Una declaración que hice en un programa nacional de radio en esa época revela cómo el presidente del Colegio Bíblico había encendido mi visión y mi fe: "Pueblo –dije yo–, quiero que sepas que este mundo no es suficientemente grande. El diablo está aquí, y yo también estoy aquí, y uno de los dos tiene que irse. Quiero que sepan que no seré yo".

El Señor me llevó desde esta visión del mundo en mi Colegio Bíblico hacia una pequeña iglesia en Yakima Valley, Washington. Esta iglesia había disfrutado de avivamientos continuos todas las noches por un período de tres años, pero luego el pastor murió, y la iglesia sufrió división tras división a causa de casi toda doctrina controversial que alguna vez se haya manifestado entre pentecostales: doctrinas de la Trinidad, fórmulas bautismales, códigos de vestimenta, estructura de la iglesia y enseñanzas del movimiento de la Lluvia Tardía.

Cuando yo llegué en febrero de 1954, había un puñado de sobrevivientes que se sostenían cantando con determinación: "No me moveré, no me moveré". Lo habían visto todo, lo habían hecho todo y habían pasado por todo, y estaban determinados a no ser movidos nunca más por nadie.

Dios en su sabiduría –y pienso que con sentido del humor– colocó a este profeta llorón en ese lugar, para pastorearlos por los próximos seis años. Mi fe y mi visión fueron probadas profundamente, calentadas y freídas sobre el fuego del proceso de Dios para hacer primero al hombre antes de manifestar el ministerio.

Durante este tiempo, observé a grandes evangelistas, como T. L. Osborn, Oral Roberts y Billy Graham, comenzar a afectar el mundo con el poderoso mensaje de Jesucristo. Yo recibía revistas con sus brillantes reportes. En lugar de alentarme, estos artículos me causaban gran frustración y horas de agonía delante de Dios, mientras trataba de convencerlo a Él de que debía sacarme de allí para hacer esas mismas cosas y no dejarme en esa iglesia local carente de visión.

Como dice el proverbio antiguo, "morí mil veces" sobre el altar, mientras discutía con Dios tratando de convencerlo de que las almas que estaban muriendo alrededor del mundo necesitaban, desesperadamente, mi poderoso ministerio más que este pequeño remanente en la iglesia local. Pero durante estos seis años, Dios trabajó en mi madurez, mi masculinidad, mis motivos y mi matrimonio. Me llevó de ser un hombre soltero de diecinueve años que viajaba como profeta evangelista, a ser un hombre casado con dos hijos, Tim y Tom (nuestra hija Sherilyn nació en 1961).

Mientras estaba escondido en lo que sentía era una experiencia similar a la de Moisés en el desierto, no solo observé a los ministros exitosos. También vi la decadencia y la caída de muchos evangelistas poderosos al final de 1950 y al inicio de 1960. A muchos de ellos, los había admirado y envidiado. Pero empezaron a caer por problemas en las áreas de moralidad, métodos, motivos, mensaje, manejo de dinero y carencia de una ética ministerial adecuada.

Desde lo profundo de mi espíritu y a causa de las profecías personales que el presbiterio profético ministró sobre mí, supe que algún día, de alguna manera, de alguna forma, mi vida y mi ministerio afectarían la Iglesia y el mundo entero. Supe que mi destino descansaba más allá de los límites de la iglesia local. Pero a medida que estos grandes evangelistas y unos cuantos profetas comenzaron a caer, la tragedia causó que un gran temor reverencial hacia el Padre naciera en mi corazón.

Así que comencé a orar y a buscar a Dios continuamente. Una preocupación por la cual oraba podría expresarse así: "Señor, sé que algún día tendré un ministerio mundial como el de estos hombres. ¿Qué me guardará de caer como ellos han caído?".

Mi petición era conocer la raíz del problema que causa que grandes ministros caigan y tener la sabiduría para reconocer los engaños comunes, los peligros destructivos y las debilidades de carácter. Deseaba discernir mi propio corazón para reconocer cualquier cizaña de mala semilla que pudiera brotar, crecer y, eventualmente, destruir mi vida espiritual y mi ministerio. Con sinceridad oré a Dios para que hiciera lo que fuera necesario para depurarme y purificarme antes de que llegara al punto en que mi vida pudiera afectar negativamente a decenas de miles.

Le pedía a Dios que tratara conmigo en mi tiempo de travesía en el desierto de oscuridad, a fin de que la mínima cantidad de gente fuera afectada por mis fallas. Durante estas muchas horas de oración y de estudio bíblico personal, el Espíritu Santo comenzó a iluminar muchas escrituras en mi mente que me dieron algunos principios para practicar y los peligros que debía evitar. En aquellos días, a mediados de 1950, estas verdades estaban en forma de semilla, pero ahora, después de cuarenta años de ministerio, han crecido en mi vida y ministerio hasta llegar a ser un cultivo que se puede cosechar.

Estos granos ya maduros acerca de la verdad serán presentados en este libro. Mi oración es que estas verdades concernientes a "principios para practicar y peligros que se deben evitar" salvarán a muchos de caer y ayudarán a otros a ser guardados irreprensibles en *"espíritu, alma y cuerpo (...) para la venida de nuestro Señor Jesucristo"* (1 Tesalonicenses 5:23). Oro para que estas verdades caigan sobre buena tierra y que produzcan a treinta, sesenta y a ciento por uno.

Espero que todos nosotros tengamos oídos para oír lo que el Espíritu tiene que decirnos acerca de los principios bíblicos que hay que practicar y los peligros satánicos que hay que evitar, para que podamos tomar nuestro lugar dentro de la gran compañía de profetas, ministros proféticos y pueblo profético de Dios.

BASES PARA EL MINISTERIO PROFÉTICO

En estos días, Dios esta atrayendo la atención de su pueblo hacia el ministerio profético, para que los profetas y la profecía sean restaurados en su lugar correcto en la vida de la Iglesia. El Movimiento Profético está ganando ímpetu –y agitada controversia–, mientras miles de cristianos buscan respuestas a sus preguntas acerca de cómo Dios nos habla a través del ministerio profético, y cómo debemos responder a su palabra profética.

Por cerca de cuarenta años, he estado profundamente involucrado en este ministerio, profetizando a decenas de miles y entrenando a otros a profetizar también. Hace varios años, Dios me instruyó a que comenzara a escribir varios libros que ayudaran a clarificar algunos de los tópicos más urgentes en esta área, tanto para ministros proféticos como para aquellos que reciben el ministerio profético. Este es el tercer tomo de la serie resultante.

El primer tomo, *Los Profetas y La Profecía Personal*, responde las preguntas más comunes hechas por aquellos que han recibido una palabra profética personal de parte de Dios. Incluye una guía para responder adecuadamente a tales profecías. También suministra numerosos ejemplos de La Escritura y de mi experiencia ministerial personal, que ilustran cómo Dios puede hablar acerca de varias áreas de nuestra vida, tales como la sanidad divina, ministerios, dones y llamamientos; romance y matrimonio, esfuerzos de negocios, embarazos y nacimientos; decisiones importantes y mudanzas.

El segundo tomo, *Los Profetas y El Movimiento Profético*, enfoca el movimiento de restauración de parte de Dios que actualmente tiene lugar para restaurar los profetas y la profecía EN la Iglesia. Fue escrito para hacer ver la realidad y describir el alcance del Movimiento Profético. Suministrar información bíblica e histórica también ayuda a aquellos que participan en este movimiento a entender su historia, a recibir todos los beneficios de las verdades y las experiencias espirituales que son parte del movimiento, y a recibir guía y sabiduría para que puedan mantener lo que se les ha sido dado con integridad y balance sin perder el poder o el propósito de Dios para este movimiento de restauración del Espíritu Santo.

Este tercer tomo, *Los Profetas, Peligros y Principios*, busca responder preguntas y suministrar ayuda para el profeta. Presenta principios adecuados para ministrar la profecía personal, advierte acerca de los mayores peligros en el ministerio profético y, sobre todo enfoca las cualidades de carácter personal, que son necesarias para tener un ministerio maduro.

La profundidad de los dos primeros tomos provee un fundamento crítico para poder ministrar proféticamente.

2

PELIGROS LATENTES PARA LOS MINISTROS PROFÉTICOS

La elección soberana de Dios. Las Escrituras enseñan claramente que los santos no escogen su ministerio dentro del Cuerpo de Cristo: *"En realidad, Dios colocó cada miembro del cuerpo como mejor le pareció"* (1 Corintios 12:18). Los ministros no se llaman a sí mismos al ministerio de los cinco oficios por su propia elección. Recuerde que Jesús les dijo a sus doce ministros: *"No me escogieron ustedes a mí, sino que yo los escogí a ustedes"* (Juan 15:16). Pablo además dijo: *"Cuando ascendió a lo alto, se llevó consigo a los cautivos y dio dones a los hombres (…) Él mismo constituyó a unos, apóstoles; a otros, profetas; a otros, evangelistas; y a otros, pastores y maestros"* (Efesios 4:8 y 11). Pablo insiste: *"En la iglesia Dios ha puesto, en primer lugar, apóstoles; en segundo lugar, profetas"* (1 Corintios 12:28).

Los dones y llamamientos de Dios están basados en su soberanía, no en los méritos humanos de la persistencia en la búsqueda de una posición. El principio que Pablo revela cuando dice *"considera la **bondad** y la **severidad** de Dios"* (Romanos 11:22) se aplica a la elección de Dios para el ministerio. La bondad del Señor se manifiesta en sus dones y llamamientos. Su severidad se revela en el proceso de su entrenamiento a fin de preparar a una persona para ser comisionada a ese llamado.

A quien mucho le es dado, mucho le es demandado. Jesús tiene un amor y una dedicación especial hacia aquellos a quienes Dios ha llamado para representarlo a Él. El Señor tiene una preciosa inversión en ellos: les ha dado de su propia naturaleza, gracia, dones y ministerio.

Y sabemos que a quien se le haya dado mucho, mucho se le demandará (Lucas 12:48). Aquellos que son llamados a esta esfera del ministerio serán juzgados más estrictamente que otros (Santiago 3:1). Este principio parece aplicarse especialmente en aquellos que son llamados a ser profetas. A quienes Él llama para hablar directamente en su nombre con un "así dice el Señor", se les ha dado mucho. Y de igual manera se les demanda más en obediencia, integridad, rectitud y semejanza a Cristo en todas las áreas de la vida.

El diablo odia a los profetas de Dios. Por eso, ha desarrollado un arsenal completo de armas de destrucción para usarlas contra ellos. Ha cavado un hoyo para cada ministro profético y ha determinado hacer que cada uno de ellos caiga y sea enterrado en él. Yo llamo a estas celadas de Satanás "peligros proféticos".

En el primer tomo de esta serie sobre los profetas y el ministerio profético, tratamos principalmente con líneas guías para aquellos que reciben una palabra profética y desean responder a ella adecuadamente. En este tomo, nos dirigimos a aquellos que hablan la palabra profética, ofreciéndoles guía para ministrar con integridad y exactitud, y asimismo advertencias acerca de las trampas que el diablo ha preparado para ellos.

Esta sección tratará en particular con muchos de los peligros latentes que pueden obstaculizar a los profetas y su mensaje profético. Extraeremos la mayoría de los principios para practicar y los peligros que se deben evitar, de ejemplos de los personajes bíblicos, principalmente de los profetas y apóstoles.

Mi carga personal va más allá de solamente activar, dentro del ministerio, a aquellos llamados a ser profetas. También quiero enseñarles y entrenarlos de tal manera que ellos mantengan su ministerio profético en poder y pureza hasta que alcancen su propósito predestinado: ser conformados a la imagen de Jesucristo, el Profeta por excelencia (Romanos 8:29). Cristo fue la plenitud del ministerio de los cinco oficios operando en un solo cuerpo humano (Colosenses 2.9). Él es el modelo perfecto para todos los ministros del Nuevo Testamento, incluido el profeta.

ACTITUDES DE MALA SEMILLA
Y PROBLEMAS DE RAÍZ

Crecí en una granja en Oklahoma y aprendí mucho de los problemas de los granjeros con la mala hierba y las raíces. En mis clases de agricultura en la secundaria, tuvimos que estudiar acerca de toda clase de semillas. Aprendimos que algunas semillas de mala hierba y algunas buenas semillas se parecen tanto que es difícil determinar la diferencia mientras están todavía en forma de semilla. Solamente una educación extensiva y la experiencia permiten que un granjero inmediatamente reconozca una semilla por lo que en verdad es.

Lo mismo sucede con las actitudes de nuestro corazón. Para poder reconocer e identificar la mala semilla de una actitud dentro de una persona –esto es, una actitud que eventualmente brotará como la mala hierba de un comportamiento equivocado–, se requiere a alguien con entendimiento y experiencia en el discernimiento espiritual.

Una ilustración de la esfera natural. La planta que más claramente tipifica, en la esfera natural, el desarrollo de la raíz de los problemas en la esfera espiritual es la llamada hierba Johnson. Esta variedad de hierba tiene uniones cada quince centímetros a todo lo largo de cada ramal de su sistema de raíz. Estas raíces son incontables y se desarrollan en todas direcciones, entretejiéndose a sí mismas con el sistema de raíz de un buen cultivo cercano, tal como el maíz.

Cuando la hierba Johnson brota y comienza a crecer junto a un brote de maíz, las dos plantas lucen casi idénticas. Si a la hierba Johnson se le permite crecer junto a la mata de maíz hasta que ambas alcancen la altura de la rodilla, su sistema de raíces llega a estar tan entretejido que la hierba Johnson no puede ser arrancada sin desarraigar y destruir el maíz. Lo mejor que un granjero puede hacer para preservar el maíz es cortar la hierba al nivel del suelo.

El problema, sin embargo, es que la hierba Johnson enviará nuevamente nuevos retoños, tanto desde el tronco de las viejas matas como de las uniones de las raíces bajo tierra. Usted no puede destruir las raíces solamente cortando las plantas. Solo puede evitar con esto que crezca hasta alcanzar la madurez total y produzca semillas. Mientras tanto, el sistema de raíces de la hierba continúa robando los nutrientes del suelo que deberían ir al tallo. De modo que, lo único que la mata vecina será capaz de producir será una mazorca delgada e inferior, y sin la calidad suficiente para ser usada como semilla de maíz en la siguiente cosecha.

El remedio severo de Dios. Debemos notar que, por la gravedad del problema, el granjero no puede remediarlo definitivamente durante la época del crecimiento. Como la hierba Johnson tiene hojas similares a la del maíz, el granjero no puede fumigarla sin matar también el maíz. Todo lo que puede hacerse es esperar hasta que termina la estación y luego arar el suelo para que las raíces sean expuestas. Entonces, estas pueden ser rastrilladas y quemadas o envenenadas, o también dejar que mueran congeladas en el invierno. Solamente después de la cosecha, durante el invierno, pueden tratar los granjeros con la raíz de la hierba. (Así como deben esperar esta estación para poder podar los árboles frutales).

En la esfera espiritual, Dios también no tratará con avanzados problemas de raíz, mientras haya una estación productiva en el ministerio. Él llevará al ministro y su ministerio a una estación de invierno, de inactividad e improductividad. Allí va a arar sobre el profeta de arriba abajo exponiendo los problemas de su raíz. Él los fumigará con una unción fuerte para destruirlos o rastrillará el alma del ministro hasta que todas las raíces sean removidas y tiradas al fuego del propósito purificador de Dios.

Por esta razón, nosotros debemos permitir que el Señor y aquellos que Él ha señalado como nuestras autoridades espirituales nos muestren la mala semilla de nuestras actitudes y remuevan los nuevos retoños de las debilidades de nuestro carácter antes que crezcan entretejidos con nuestra personalidad y desempeño. Entre más esperamos para hacerlo, más drástico será el proceso.

Estas verdades son para las todas las personas en todas partes. Aunque este libro está dirigido principalmente a profetas y a ministros proféticos, estas verdades son vitales para cada ministro en los cinco oficios, líderes cristianos o miembros del Cuerpo de Cristo que ministran. Estos **principios para practicar y peligros latentes que se deben evitar se aplican a todo cristiano**. Por eso, lo aliento a medida que lee las siguientes páginas, a que permita que el Espíritu Santo ilumine su mente y alma sobre cualquier debilidad de carácter, mala semilla de actitudes, raíces problemáticas o "síndromes proféticos", que usted pueda tener.

Si usted ha tenido un problema particular por un tiempo, que se ha manifestado más de tres veces, creo que esto ha ido más allá del estado de semilla y ya ha brotado. Por esta razón, se debe tratar con él inmediatamente antes que su sistema de raíces se entreteja con su personalidad y desempeño.

Ahora Dios está purgando tanto a los individuos como a su Iglesia entera de todas las cosas que son contrarias a su propia naturaleza y carácter. Si permitimos que Él nos purifique, seremos hechos un vaso de honor. Si no, nos removerá del ministerio en su Cuerpo tal como las ovejas son separadas de las cabras; el buen pez, del mal pez y el trigo, de la cizaña (Mateo 25:32-33; 13:29-30, 47-48).

3
EL PELIGRO DEL PROFETA ELÍAS

Usted probablemente conoce la historia de Elías y los profetas de Baal. Pero ahora, tome unos cuantos minutos para volver a leer los hechos en 1 Reyes 17-19, para refrescar su conocimiento de los personajes principales y los eventos en que estuvieron involucrados.

Elías demostró muchas cualidades que son admirables en un profeta de Dios: oración, fe, obediencia a la voz del Señor y la disposición de dar su vida para probar que Jehová era el Dios verdadero. Se mantuvo él solo como el profeta de Dios y desafió a ochocientos cincuenta profetas de Baal, a una pelea sobre el monte Carmelo, que demostraría cuál Dios era soberano. Ese día, también desafió al pueblo de Israel para que escogiera a qué dios serviría –a Dios o a Baal– con base en el resultado de la pelea.

En los eventos siguientes, los profetas de Baal demostraron que ellos y su dios eran impotentes. Sin embargo, Elías hizo una corta oración, y Dios envió fuego del cielo que consumió el sacrificio. Elías, de este modo, expuso a los falsos profetas y demostró que Jehová es el único Dios. Luego les quitó la vida a todos los profetas de Baal e intercedió para que cesaran los tres años de sequía que él había profetizado para la tierra. También sobrepasó a todos los carruajes de Acab.

A la luz de estos eventos, nosotros podríamos asumir, razonablemente, que este profeta tan feroz, efectivo y poderoso no tendría debilidades de carácter y que sería inmune a los peligros satánicos.

Un hoyo de autocompasión. Sin embargo, el resto de la historia muestra otra cosa. Cuando la reina Jezabel escuchó que Elías había matado a todos sus profetas, decretó el mismo destino para él. Esta reacción de la líder de esas tierras lo precipitó desde la cumbre del desempeño profético al hoyo de la autocompasión y la oración pesimista.

Elías desapareció de la tierra de Israel y huyó al desierto. Se sentó bajo un árbol de enebro y oró a Dios pidiendo que lo matara. Por supuesto, esta oración de autocompasión era hipócrita en esas circunstancias, porque si Elías en verdad quería morir, solo necesitaba quedarse donde estaba Jezabel, quien gustosamente hubiera respondido a su oración.

Elías describe al profeta que es poderoso profetizando y actuando, pero débil en personalidad, actitud, y ajustes al rechazo y a la persecución. Debemos darnos cuenta de que Dios no respondió a su oración de muerte de la manera que hubiera esperado, sino más bien, lo hizo encendiendo el fuego de la purificación hasta que todas las escorias de su vida egoísta pudieran ser quemadas.

El ministerio profético a menudo coloca al profeta en situaciones extremas con altos riesgos: éxito o fracaso, aceptación o rechazo, reivindicación o humillación, vida o muerte. Cuando se obtiene un gran éxito, las victorias son ganadas y se da un gran avivamiento, el profeta o la profetisa, usualmente, esperan que el liderazgo de la Iglesia aprecie sus palabras proféticas y su poderoso desempeño. Sin embargo, los líderes reaccionan de la manera como lo hizo la reina Jezabel —no solamente con rechazo, sino también con amenazas de destrucción—. En consecuencia, el profeta puede sentirse profundamente desalentado.

Descendiendo por pasos. Los profetas alcanzan el fondo del pozo de su desesperación descendiendo por pasos, comenzando por la desilusión. Si la situación no se ajusta inmediatamente mediante una actitud adecuada, esa desilusión llevará al desánimo, luego al resentimiento, la autocompasión, el complejo de persecución y la ira. El paso final de los profetas que descienden dentro de este hoyo es obtener un espíritu de amargura y de dura crítica que los lleva a ser ley para sí mismos, con tal espíritu de rechazo que nadie puede acercárseles en su autodesilusión.

Este peligro profético hace que el hombre o la mujer de Dios desarrolle la mala semilla de una actitud de autocompasión igual que la de Elías, diciendo: "Todo el mundo está contra mí. Nadie entiende mi ministerio. Estoy solo bajo el enebro. Nadie aprecia mi gran logro de hacer volver al pueblo de Israel de los ídolos al Dios verdadero. Hice terminar la sequía enviándoles lluvia; destruí a todos los profetas falsos opresivos. Pero ellos no aprecian nada de lo que yo he hecho".

Esta clase de pensamiento lleva a los profetas a lo que yo llamo "la mentalidad de la cueva". En esta condición, ellos creen al igual que Elías: "¡Solo yo he quedado!". Tristemente, los ministros que cometen este error de pensar que ellos son los únicos que quedan en el ministerio con un mensaje verdadero, un ministerio ungido y una visión adecuada se exponen a sí mismos a un espíritu de error. Su doctrina puede permanecer verdadera, pero su espíritu es equivocado. Si este espíritu no se ajusta rápidamente, pueden estar sujetos a una diversidad de problemas espirituales.

Ellos podrían desarrollar un espíritu exclusivo y de aislamiento que puede llegar a convertirse en una secta. Podrían llegar a ser un instrumento de Satanás para sembrar discordia y sospecha en el Cuerpo de Cristo. Podrían caer en la inmoralidad personal o desviarse completamente y convertirse en un paria reprobado.

Un espíritu de error. En cuarenta años de ministerio, he visto ocurrir este proceso muchas veces. Por ejemplo, en el Movimiento de Fe, escuché una vez de un ministro que había escrito varios libros y de esa manera había llegado a ser un reconocido maestro en algunos círculos. Unos cuantos años después, sacó a luz una cinta, en la que decía que él era el único que todavía predicaba un mensaje de fe puro. Él desarrolló el síndrome del profeta que lloriquea: "Solo yo he quedado".

Cuando escuché la cinta, le dije a la persona que me había pedido que lo escuchara, que este hermano había desarrollado un espíritu de error. Añadí que si él no era corregido, podría tomar una verdad y convertirla en una secta. Tristemente, no pasó mucho tiempo antes de que muchos cristianos murieran a causa de su espíritu erróneo y su extremado énfasis sobre una verdad en particular. El líder mismo murió tempranamente debido a que se había esclavizado a su propio espíritu y a su enseñanza.

En otra ocasión, a finales de 1980, escuché a un líder evangelista decir públicamente en su transmisión que él era el único que había quedado para evangelizar el mundo. En unos cuantos meses, el escándalo de su conducta inmoral fue la comidilla tanto de la Iglesia como de los medios seculares. El orgullo le causo su caída, pero la raíz de su problema fue el síndrome del profeta Elías con su resultante mentalidad de la cueva.

Para evitar resultados similares en nuestra vida, nosotros los ministros proféticos necesitamos crecer hasta la etapa de madurez y la sabiduría que nos permitirá superar tales situaciones sin perder la esperanza. Aquellos de nosotros que desarrollemos la mala semilla de la actitud de Elías debemos recordar lo que Dios habló a este profeta cuando dijo: "Solo yo he quedado". El Señor le hizo saber que otros siete mil eran tan justos y dedicados como él, y tenían una visión similar de la causa de Dios.

Levántese y sacúdase. Yo mismo he caído en esta trampa unas cuantas veces en mi vida y he conocido a algunos otros que sienten que son los únicos en su iglesia o país que tienen, verdaderamente, el corazón y la visión de Dios. Si usted ha sucumbido al síndrome de "yo solo he quedado", entonces sepa con seguridad que el Señor tiene miles de otros ministros proféticos entregados a su carga y visión. Permita que la verdad lo libere para actuar sobre las palabras de advertencia del profeta Isaías: *"Sacúdete el polvo (…) levántate y vuelve al trono (…) libérate de las cadenas de tu cuello"* (Isaías 52:2).

Hablando claramente, esto significa salir de su manera egoísta de ser, de su complejo de martirio-persecución. Significa sacudirse de ese espíritu de exclusividad, de ese espíritu de aislamiento, de ese aumentado sentimiento de autoimportancia. Levántese y fortalézcase con la naturaleza de Cristo, ajustando sus actitudes equivocadas antes que desarrollen un sistema de raíces que minen la vida Cristo en usted.

Responda tan rápidamente como lo hiciera si una culebra cascabel cayera sobre su cabeza. Y si la verdad no lo ha alcanzado lo suficiente como para liberarlo, entonces encuentre la ayuda rápida de un ministro mayor antes de que se deslice, caiga en el espíritu de error o se hunda tan profundamente en el autoengaño, que también se autodestruya.

Ministro profético, amigo mío, si tiene la "mentalidad de la cueva", entonces, recuerde que Dios solamente le dijo dos cosas al profeta mientras estaba en ella. La primera es una pregunta que Él hizo y repitió: "¿Qué estás haciendo aquí, Elías?". La segunda fue esta: "Sal de la cueva y ve a la montaña delante del Señor para escuchar la voz de Dios". Elías obedeció este mandato, y cuando lo hizo, Dios le dio la gran comisión de llevar adelante sus propósitos por muchos años, aun después que Elías fue levantado al cielo.

Si queremos que nuestro ministerio siga siendo provechoso, debemos salir de la autocompasión de la mentalidad de la cueva para escuchar la voz de Dios más claramente (1 Reyes 19:13-17).

La crítica continua es una señal de advertencia. He encontrado que cualquier ministro –ya sea apóstol, profeta, pastor, maestro o evangelista– que comienza a criticar a otros ministros implicando que él mismo es el modelo a seguir para todo ministro, tiene serios problemas de raíz, la semilla de una mala actitud y pecados ocultos. Los ministros que dedican la mayoría de su predicación y su profecía a criticar a otros ministros cristianos son motivados por el espíritu de decepción, del autoengaño arrogante y la misma clase de autoimportancia que Lucifer demostró. Esta conducta es uno de los pecados más mortales del ministro, especialmente del ministro profético.

La línea entre pronunciar un juicio profético genuino y ministrar a través de un corazón herido o un espíritu de rechazo es muy fina.

Por eso, todos los profetas deben estar relacionados con alguien y dar cuentas a alguien en quien ellos confíen lo suficiente como para permitir que esa persona sea el cirujano espiritual que opere sobre su espíritu y su actitud. El área espiritualmente enferma debe ser quirúrgicamente removida, la herida debe ser sanada y cerrada. Debe darse tiempo para que haya sanidad y restauración en esas áreas de la vida de la persona.

Un ejemplo reciente. Hace algún tiempo, uno de los profetas de la Red de Ministerios Proféticos de Christian International comenzó a manifestar actitudes como la del síndrome de Elías que aquí he descrito. Así que el obispo y la Junta de Gobernadores tuvieron que disciplinar a la persona involucrada.

Este profeta tenía un ministerio profético efectivo y ungido. Sus profecías eran exactas y poderosas. Sanidades y otros milagros se manifestaban en su ministerio. Sin embargo, no todas sus 10 M estaban en orden, su **M**ensaje, **M**inisterio y **M**oral estaban bien, pero su **M**adurez, sus **M**otivaciones, **M**étodos y su ética **M**inisterial estaban muy fuera de línea y requerían atención inmediata. Los problemas de la raíz de la "hierba Johnson" que habían brotado en su vida estaban creciendo tan rápidamente como su ministerio.

El obispo y la Junta de Gobernadores llegaron a la conclusión de que este profeta tenía una enfermedad contagiosa que necesitaba ser removida "quirúrgicamente". De hecho, le dijimos que tenía un punto ciego en su vida que le impedía ver la gravedad de su situación. Los treinta ministros presentes en la reunión estuvieron de acuerdo en que este problema de raíz era lo suficientemente serio como para requerir que el profeta fuera removido del ministerio público por un tiempo. Le ofrecimos llevarlo a las instalaciones de nuestro ministerio por un período prolongado hasta que fuera liberado, sanado, transformado y reinstalado al ministerio público.

Es triste decirlo, pero este profeta nos permitió cortar la "hierba Johnson" del problema mientras estábamos en la reunión con él, pero al salir no nos permitió caminar junto con él por "esa época de invierno", retirado del ministerio público para que Dios destruyera las raíces profundas de mala hierba en su corazón.

El profeta finalmente se dijo a sí mismo que los treinta ministros estaban equivocados, y que solamente él estaba en lo correcto. Su conclusión fue una clásica declaración de autoengaño: "Ustedes dicen que yo tengo un punto ciego concerniente a mis problemas, pero yo no lo veo". Al final, acudió a la excusa típica de todos aquellos que son más "espirituales" que maduros, y que solo quieren hacer lo suyo: "**Dios me dijo** –expresó– que no voy a someterme a esta disciplina, sino que voy a continuar con mi gran ministerio para la Iglesia". Este ministro tenía el potencial para ser una gran columna de la verdad y un padre de la fe durante toda su vida –si tan solo se hubiera sometido al consejo de su obispo y la Junta de Gobernadores.

¿Cuál es el beneficio de relacionarse y sujetarse a una organización ministerial, si no estamos dispuestos a recibir su consejo, su disciplina y su corrección, del mismo modo como lo estamos para recibir su bendición y ayuda para que nuestros ministerios sean promovidos? Debemos recordar que La Biblia insiste en que aquellos que no tienen la voluntad de sujetarse a la disciplina y a la corrección no son verdaderos hijos de Dios, y su ministerio es ilegítimo: *"Si a ustedes se les deja sin la disciplina que todos reciben, entonces son bastardos y no hijos legítimos"* (Hebreo 12:8).

Reciba todo con gracia. No hay límite en cómo Dios puede usar a las personas que tienen la capacidad de recibir apoyo y corrección, elogios y persecución con el mismo espíritu de gracia. Este tipo de ministros pueden manejar el éxito sin que se les eleve el orgullo, y soportar el rechazo y las aparentes fallas sin crecer en desaliento. Dios nos concede que podamos aprender a ser alabados por nuestro poderoso trabajo profético sin ser orgullosos, y ser criticados o disciplinados sin desarrollar un complejo de persecución.

Los profetas deben desarrollar el carácter de Cristo, el cual es capaz de recibir tanto respuestas positivas como negativas con una gracia consistente. La única manera de que los profetas de los últimos días en el ejército del Señor sean capaces de sobrevivir es mantener una actitud apropiada y un caminar constante con Cristo, aun cuando la gente y el liderazgo de la iglesia nos rechacen.

4

LOS PROBLEMAS DE LOS PROFETAS JEREMÍAS Y EZEQUIEL CON LA PERSECUCIÓN

Ezequiel y Jeremías probablemente sufrieron la persecución personal más severa que cualquier otro profeta bíblico haya padecido. Sus profecías fueron rechazadas, y el pueblo se rebeló contra ellos más que con la mayoría. Dios había prevenido a Ezequiel: *"No tengas miedo de ellos ni de sus palabras, por más que estés en medio de cardos y espinas, y vivas rodeado de escorpiones. No temas por lo que digan, ni te sientas atemorizado, porque son un pueblo obstinado"* (Ezequiel 2:6). Jeremías, por su parte, fue premiado por su ministerio siendo tirado al cepo, a una prisión y a un sucio calabozo (Jeremías 20:2; 37:15; 38:6).

El sufrimiento es una norma para la vida profética. Los principales actores en la historia bíblica –Dios, la humanidad y el diablo– son todavía los principales ahora, y aunque vivimos bajo un nuevo pacto, estos personajes no han cambiado. Dios todavía habla a través de sus profetas, la gente todavía resiente y resiste la palabra profética de Dios, y el diablo todavía hace lo que puede para destruir a los profetas. Así que, la persecución y el sufrimiento son parte de la cruz que el profeta debe llevar.

Jesús dijo que, a menos que estemos dispuestos a tomar nuestra cruz y a negarnos a nosotros mismos, no podemos ser sus discípulos (Mateo 16:24). ¿Cuánto más se aplica este principio a un profeta? Los profetas deben tomar sus cruces ministeriales gozosamente negándose a sí mismos, a todas las indulgencias de la carne que traen peligros, a la semilla de las malas actitudes y a los síndromes.

Santiago escribió que nosotros debemos tomar a los profetas como ejemplo de sufrida aflicción (Santiago 5:10). No dijo que tomáramos a los sacerdotes, levitas, reyes, escribas o pastores como un ejemplo de aflicción, sino más bien, a los profetas. Así que, creo que Pedro debe haber pensado especialmente en los apóstoles y profetas cuando escribió: *"No se extrañen del fuego de la prueba que están soportando, como si fuera algo insólito"* (1 Pedro 4:12).

Tales circunstancias no son **extrañas**, si no más bien **la norma**, para los profetas. Así como el don de lenguas desconocidas viene con el bautismo del Espíritu Santo, de la misma manera la persecución viene con el ministerio profético. Todos los ministros de los cinco ministerios sufrirán, de hecho *"serán perseguidos todos los que quieran llevar una vida piadosa en Cristo Jesús"* (2 Timoteo 3:12). Mi experiencia me lleva a creer que el papel de los profetas produce, de manera natural, más persecución y sufrimiento para ellos que el papel de la mayoría de otros ministros. Así que, todos los que se sienten llamados a ser profetas, a ser un ministro profético o simplemente a fluir en el Espíritu con el don de profecía deben ajustar su actitud de acuerdo a ello.

Gracia para ajustarse. Nosotros, que hemos sido llamados a ser profetas, no tenemos otra opción excepto el ajustarnos a la realidad de este asunto. Si usted no puede aceptar el rechazo, la persecución y la presión de sus semejantes, entonces, no puede servir como uno de los profetas de Dios del final de los tiempos. Pero la gracia habilitadora del Padre siempre viene junto con su llamado, si nosotros nos la apropiamos por medio de la fe y la obediencia. Los profetas deben soportar el sufrimiento, la persecución y el rechazo sin desarrollar un complejo de persecución o un espíritu de rechazo. Esta es la verdad –verdad que, de acuerdo a Jesús, nos hará libres (Juan 8:32); verdad que, de acuerdo a Pedro, es causa de gozo y de acción de gracias (1 Pedro 4:13)–. Pablo entendió que entre más revelación de los secretos de Dios recibimos, más debemos soportar las espinas de la persecución y la oposición demoníaca (2 Corintios 12:7-10).

Debido a que los apóstoles como los profetas han recibido el ministerio de revelación (Efesios 3:5), entonces ya sabremos cómo se desempeñarán cuando los apóstoles sean totalmente restaurados en la Iglesia, y tengamos tanto a los profetas como a los apóstoles en plena operación. Vendrá no solamente una doble porción de unción, sino también un mayor flujo de oposición y persecución, especialmente de aquella parte del mundo religioso que rechaza la verdad presente.

5

EL PROFETA ABRAHAM Y LOS PROBLEMAS FAMILIARES

Las personas en las profesiones de servicio, tales como el ministerio, la medicina, el derecho, la política y el trabajo policial, parecen recibir su mayor carga de tensión en su vida familiar. Las mayores pruebas y los grandes problemas del profeta Abraham provinieron de su familia. La raíz de su problema y el peligro que enfrentaba fue permitir que las influencias familiares le impidieran obedecer a Dios completamente, para cumplir la palabra personal que había recibido de Él.

Presiones familiares. Para comenzar, el amor de Abraham por su familia, la presión de sus parientes y el sentido de obligación hacia sus padres lo inclinaron a llevar a su familia con él cuando dejó Ur de los caldeos. Esto fue solamente una obediencia parcial hacia su profecía personal y estorbó el cumplimiento de su ministerio por un tiempo. Se estableció, viviendo en Harán por varios años, antes de llegar a Canaán. Se quedó allí hasta que su padre murió, antes de venir a su ministerio en esa tierra (Génesis 11:31-12:4).

De nuevo, fue un miembro de la familia –su sobrino Lot, a quien tuvo que haber dejado antes–, quien causó una división entre los seguidores de Abraham después de experimentar un crecimiento considerable en su ministerio en Canaán (Génesis 13:1-11). El peligro del profeta fue permitir el tipo equivocado de influencia familiar en su habilidad de tomar decisiones. El problema emergió una vez más cuando su esposa Sara lo influenció para tomar a Agar, su sierva egipcia, como madre sustituta para producir la simiente prometida. Los resultados de condescender a ese consejo le costaron mucho como padre y produjeron un ministerio en Ismael que ha perseguido y se ha opuesto al profetizado ministerio de Isaac hasta este día (Génesis 16).

No debemos ser dictadores. Debemos notar aquí, por supuesto, que esto no implica que los profetas deban ser unos dictadores en sus hogares. Un profeta casado o una profetisa casada debe ser colaborador con su pareja, y ambos deben idealmente moverse en unidad y con un testimonio mutuo. Aun los niños deben ser entrenados e involucrados para conocer la mente de Cristo con respecto a la familia y para tomar decisiones proféticas.

No obstante, hay épocas en que Dios revela claramente su voluntad al profeta, y este, como un sacerdote de su hogar, debe tomar una posición firme esperando pacientemente, hasta que el camino de Dios para el cumplimiento de su profecía personal le sea revelado. Los miembros de la familia algunas veces tienen su manera de presionar al profeta para que tome la iniciativa de cumplir las profecías. Con mucha frecuencia, estos familiares son motivados por sus propias convicciones más que por la dirección divina acerca del cuándo, dónde y cómo cumplir una palabra.

Puedo recordar épocas como esta en mi propia vida, cuando tuve que pararme firme en lo que sabía que Dios me había hablado, aunque algunos de los miembros de mi familia no estaban listos para hacerlo. Aun así, quiero enfatizar que, por lo general, no hago decisiones importantes ni tomo acciones de transcendencia sin el consentimiento de mi esposa y, usualmente, el de nuestros hijos adultos. Creo que cuando las cosas son hechas en el tiempo y en la manera de Dios, una pareja experimenta testimonio y acuerdo mutuo.

Cada situación familiar es única, así que es imposible presentar reglas firmes en este asunto que sean obligatorias para cada familia. Puedo entender y sentir compasión por la situación en la cual muchos profetas se encuentran a sí mismos, cuando su familia no es espiritual ni está comprometida y adecuadamente relacionada con Dios como ellos. Mi esposa e hijos comparten mis prioridades y compromisos, de modo que no puedo juzgar a otros que viven una situación diferente. Nosotros simplemente debemos reconocer que algunos casos involucran asuntos complejos y sensibles que deben ser tratados sobre una base individual cuando un profeta busca obedecer la dirección divina y mantener, aun así, relaciones familiares piadosas.

Aunque La Biblia nos dice cómo Abraham permitió que su familia lo influenciara de manera equivocada, nunca muestra que Dios lo reprendiera específicamente por permitirles a sus parientes obstaculizar el cumplimiento de sus profecías personales. Creo que esto revela la alta prioridad que Dios tiene por las estructuras y las relaciones familiares. Después de todo, Él creó la familia aun antes de que los profetas y la Iglesia existieran. Por esta razón, pienso que la persona debe tener una instrucción directa de Dios, confirmación pastoral y varias otras confirmaciones de ministros maduros antes de actuar sobre cualquier palabra de profecía personal que pueda obstaculizar las relaciones familiares.

El síndrome del niño consentido. Cuando leemos en La Biblia acerca del sacerdote israelita Elí y sus hijos, descubrimos lo que yo llamaría "el síndrome del niño consentido". Este problema es común entre los **NP** (Niños de Predicadores), pero puede desarrollarse también en cualquier familia donde los padres miman a sus hijos inapropiadamente. Los resultados destructivos de esto pueden durar más allá de la niñez y minar el potencial para el ministerio de los hijos.

Se nos ha dicho que *"los hijos de Elí eran unos perversos que no tomaban en cuenta al SEÑOR"* (1 Samuel 2:12). Más específicamente, ellos abusaban de su posición como ministros ordenados de Dios, tomando más de la porción que les correspondía de las ofrendas del pueblo para Dios. De acuerdo a la escritura, *"el pecado de estos jóvenes era gravísimo a los ojos del SEÑOR, pues trataban con desprecio las ofrendas que le pertenecían"* (v.17).

¿Cuál fue la respuesta de Elí a la situación? En lugar de disciplinar a sus hijos, miraba hacia otro lado. Por eso, Dios reprendió al profeta, preguntándole por qué honraba a sus hijos más que a Él (v. 29). Cuando el padre fallaba en corregir a sus hijos, los colocaba a ellos antes que a Dios. El juicio vino sobre su casa cuando Dios le decretó a Elí: "... *todos tus descendientes morirán en la flor de la vida*" (v. 33).

A la luz de los escándalos de los televangelistas hace unos cuantos años, debemos tener en mente la gravedad de esta situación y su potencial de devastación en la Iglesia. Los niños consentidos de hoy serán los ministros sin ética del mañana, que tomarán más de la legítima parte que les corresponde del dinero del pueblo de Dios a fin de consentirse a sí mismos. De esta manera, menospreciarán las ofrendas de Dios. No debemos caer presa de este síndrome ministerial si queremos honrar al Señor primero, disciplinando adecuadamente a nuestros hijos.

Los métodos del modelo del mentor. También debemos notar aquí que el profeta Samuel, quien fue entrenado en el ministerio por el anciano Elí, evidentemente repitió también algunas de las prácticas de crianza de este. Cuando Samuel envejeció, él estableció como jueces para Israel a sus dos hijos (1 Samuel 8:1). *"Pero ninguno de los dos siguió el ejemplo de su padre –dice la escritura–, sino que ambos se dejaron guiar por la avaricia, aceptando sobornos y pervirtiendo la justicia"* (v. 3).

Las consecuencias de su pecado fueron más allá de su familia inmediata. Los hijos de Samuel no solo impidieron la justicia en la tierra. Su conducta también incitó al pueblo a demandar un rey y a rechazar el liderazgo de Dios sobre su nación (v. 4-7).

Esta serie de eventos bíblicos ilustran que, por lo general, los ministros adoptan los principios y prácticas de sus tutores. Elí modeló el "síndrome del niño consentido" a Samuel. El rey David modeló, más adelante, el exceso sexual a su hijo Salomón. En contraste a esto, Dios declaró que una de las razones por la cual Él decretaba bendiciones continuas a la descendencia de Abraham fue porque sabía que él instruiría a sus hijos en su camino: *"Yo lo he elegido para que instruya a sus hijos y a su familia, a fin de que se mantengan en el camino de Señor y pongan en práctica lo que es justo y recto. Así el Señor cumplirá lo que le ha prometido"* (Génesis 18:19). Dios vio que Abraham no consentiría a su hijo, sino que, lo disciplinaría adecuadamente y lo entrenaría en la manera que debería vivir (Proverbios 22:6).

El engaño de las "parejas ministeriales". En mis años como obispo sobre muchos ministerios, he tenido que tratar con algunos engaños que llevan a los ministros a la destrucción. En los últimos treinta años, un engaño que he escuchado a menudo es el concepto de "pareja ministerial" o "esposa espiritual". Este concepto ha crecido a través del Ministerio Cristiano en general y aun ha entrado al Movimiento Profético. De hecho, parece haber hecho gran entrada en aquellos círculos donde hay exigencias de revelación y dirección profética.

Una "pareja ministerial" o "esposa espiritual" es cualquiera a quien un ministro casado (o cualquier cristiano) le permite ser una compañía más cercana que su verdadero esposo o esposa, especialmente cuando esta persona es del sexo opuesto. Por lo general, se trata de un ministro asociado, una secretaria, un ministro de alabanza o un líder de jóvenes. Para una persona casada, cultivar sentimientos románticos o acciones de involucramiento sexual con alguien diferente que su compañero o compañera de matrimonio es pecado ante los ojos de Dios. Así que, este tipo de acercamiento inapropiado es peligroso porque, generalmente, lleva al romance y finalmente a la inmoralidad sexual.

Un proceso gradual de vinculación y engaño. Por supuesto, esta situación no ocurre de la noche a la mañana. Típicamente, un ministro y un asociado o una secretaria trabajan juntos por meses y años hasta que una "atadura del alma" se desarrolla entre ellos –esto es, una unión emocional–. La pareja del ministro deja de ser su más cercano amigo o amiga, consejero, confidente y colaborador en el ministerio. El ministro comienza a pasar más tiempo con el asociado en la oficina y fuera de la ciudad en conferencias, que con la esposa en casa.

A medida que este engaño se enraíza en el ministro, él o ella toman acciones adicionales para llevar a cabo su propósito último. La esposa del ministro es, entonces, manipulada fuera del ministerio activo junto al ministro y de la Iglesia, con la consiguiente alienación de afecto dentro del matrimonio. El ministro justifica sus acciones alegando que la "pareja ministerial" es más comprensiva y agradecida que la esposa. La "pareja" parece ser paciente, amable, dulce y confiable, mientras que la esposa es exigente y demandante, siempre cuestionando por qué el ministro tiene que estar lejos de casa y pasa tan poco tiempo con la familia.

La esposa debe tomar acción. El pecado y la lujuria son engañosos, ciegan a la persona hasta que el engaño la lleva a su resultado final: una relación adúltera que destruye el matrimonio del ministro, su ministerio y su carácter. Por esta razón, la esposa de un ministro que detecte el desarrollo de tal situación necesita presentársela a su marido para que la considere. Si el ministro responde con entendimiento, comienza inmediatamente a ajustar la situación y trabaja para restablecer una adecuada relación con la familia, entonces, la esposa no necesita mencionárselo a nadie más. Por otro lado, si el ministro responde con resentimiento, acusando de celosa a la esposa, de falta de compromiso o de fallar en entender las responsabilidades ministeriales, entonces, la obligación de la esposa es acudir inmediatamente al supervisor espiritual de ellos, contándole todo e involucrándolo en la situación. Ella no debe detenerse a hacer esto por las amenazas o por el espíritu de intimidación que intenta evitar que busque ayuda. La situación no mejorará por el solo hecho de ser ignorada o por mantener silencio, esperanzada de que pasará con el tiempo. La oración ayudará, pero esta situación particular no se resuelve usualmente sin la ayuda externa adecuada.

Recuerde: revelar este problema a un supervisor espiritual no significa que alguien está traicionando la confianza, o fallando en apoyar al esposo o la esposa, o fallando en cubrir con amor el pecado. En este caso, el mandamiento que dice *"más vale ser reprendido con franqueza que ser amado en secreto"* (Proverbios 27:5) supera el principio bíblico que establece que *"el amor cubre multitud de pecados"* (1 Pedro 4:8). Entre más una esposa espera para obtener ayuda, más la situación se deteriorará, incrementando la posibilidad de que tanto el matrimonio y el ministerio de disuelvan.

Evite este latente peligro profético y esta debilidad de carácter a toda costa. Cuando todas las cosas están en el orden divino, entonces las prioridades adecuadas y las responsabilidades son estas: primero Dios, luego la familia, luego el ministerio. Todas las otras áreas deben ser atendidas solamente después que estas tres áreas de responsabilidad hayan sido cumplidas.

6

EL PROFETA MOISÉS Y LA SOBREPROTECCIÓN

Moisés fue un profeta que debió cumplir con el papel de pastorear a tres millones de personas: el pueblo de Dios. Tomó la vara pastoral y el báculo en su mano para pastorear y conducir a Israel de la esclavitud de Egipto a la libertad en el desierto, y de acuerdo a la profecía, llevarlos a la tierra prometida. Pero Moisés tuvo una virtud humana que llegó a ser un defecto, una fortaleza personal que, llevada al extremo, vino a ser una doble debilidad.

Un peligro para los pastores profetas. El peligro de Moisés –que previno que su profecía personal de entrar a Canaán fuese cumplida– le vino a través de un dilema al que se enfrentan todos los pastores profetas. Él fue atormentado entre la misericordia humana y la compasión por un lado, y el juicio de Dios y el propósito profético por otro. La raíz del problema de Moisés fue ser sobreprotector de su rebaño pastoral e insistir demasiado en que Dios tenía que preservar la generación que ya había sido establecida en lugar de comenzar con una nueva.

Cuando Moisés se colocó entre la ira de Dios y la desobediencia del pueblo (Éxodo 32:7-14), ofreció un modelo de nuestro Señor Jesucristo, el intercesor y mediador entre Dios y la humanidad. Pero esta actitud de Moisés tuvo otra faceta que debemos reconocer. Desde la perspectiva del propósito profético de Dios, fue un obstáculo en el cumplimiento de su ministerio completo, el cual le fue profetizado por el mismo gran Yo Soy.

Durante aquellos días en el desierto, los israelitas tentaron a Dios diez veces con murmuraciones y reclamos (Números 14:22). Dios le dijo repetidamente a Moisés que su congregación estaba llena de santos testarudos y obstinados que pertenecían a la "orden antigua". Dios y Moisés sacaron a los israelitas fuera de Egipto, pero nunca fueron capaces de sacar a Egipto fuera de los israelitas –o sea, de la generación antigua de israelitas.

Dios le dijo a Moisés varias veces que Él quería acabar con la generación antigua y levantar una nueva generación que estuviera dispuesta a seguir a Moisés a Canaán. Pero en cada vez, Moisés discutió con Dios, insistiendo que debía preservar a la generación antigua. El resultado final fue que la murmuración de los israelitas viejos, finalmente, presionó a Moisés más allá del límite de su paciencia, así que enojado golpeó la roca en lugar de hablarle de acuerdo con las instrucciones proféticas de Dios (Éxodo 20:7-13). Debido a este acto de impaciencia, frustración, obstinación y desobediencia de Moisés, Dios canceló la parte de su profecía personal que decía que entraría a Canaán.

Lecciones para aprender. Tres verdades bíblicas se manifiestan en este incidente. Primero: nuestras acciones pueden cancelar parte de lo que nos ha sido personalmente profetizado, aun después de que mucho de lo que ha sido profetizado se haya cumplido. El cumplimiento de todas las profecías restantes en nuestra vida depende de nuestra continua obediencia, fe y paciencia.

La segunda verdad revelada aquí es que la gracia de Dios para persistir no se extiende más allá de los límites de su propósito. Cuando demandamos que Dios haga las cosas a nuestro modo, entonces corremos por nuestra propia cuenta. Él bien puede darnos solo lo que queremos, para nuestra propia destrucción.

Vemos esta realidad no solo en el incidente con Moisés, sino también cuando los israelitas se quejaron acerca del maná en el desierto, demandando carne en su lugar. Dios les dio lo que ellos deseaban al enviar codornices, pero cuando aún comían la carne, una severa plaga brotó y mató a muchos (Números 11).

Asimismo, en el Nuevo Testamento, leemos que aquellos que

odian la verdad e insisten en encubrir la falsedad obtienen al final lo que desean, para su propia condenación. El apóstol Pablo dijo de esta gente: *"Con toda perversidad engañará a los que se pierden por haberse negado a amar la verdad y así ser salvos. Por eso Dios permite que, por el poder del engaño, crean en la mentira"* (2 Tesalonicenses 2:10-11).

Es mejor permitir que los propósitos proféticos y los decretos de Dios prevalezcan más que fastidiarlo con lo que nosotros pensamos que es una mejor idea. Recuerde lo que pasó con el rey Ezequías de Israel: cuando Dios decretó proféticamente, a través de Isaías, que él moriría, el rey lloró con amargura e imploró para obtener una extensión de su vida (Isaías 38). En respuesta, Dios le concedió a Ezequías 15 años más. Pero en esos años que le fueron añadidos, su conducta llevó a la nación al desastre. Tanto Ezequías como el pueblo de Israel habrían estado mejor si el pronunciamiento profético original de Dios se hubiera mantenido.

La tercera verdad es que la compasión pastoral y el propósito profético algunas veces estarán en desacuerdo, causando fricción y aun conflictos dentro de la iglesia local entre el pastor y el profeta. De modo que la disposición de buscar juntos a Dios humildemente, para así poder determinar su deseo para la congregación, es crítica para mantener la unidad en el liderazgo de la iglesia local.

Desde el punto de vista de la compasión humana y de un corazón pastoral, debemos juzgar digna de elogio la intercesión e insistencia de Moisés. Pero desde una perspectiva profética, su acción fue necia y fútil. Solo pospuso el juicio de Dios, quien tuvo que destruir casi totalmente a la antigua generación antes de cumplir la promesa profética dada a Abraham unos cuatro siglos antes (Génesis 15:16).

Nosotros normalmente alabamos a Moisés y culpamos a Saúl, pero fallamos en reconocer que Moisés canceló su profecía concerniente a Canaán, así como Saúl canceló su profecía concerniente al reinado sobre Israel. Moisés fue removido, Saúl lo fue también, y Josué fue levantado para convertirse en el nuevo líder de la nueva generación que entró en Canaán. De una manera similar, ahora una "compañía davídica" está reemplazando la antigua "orden de Saúl", una "generación de Josué" está reemplazando el orden antiguo de la "generación del desierto". Ellos entrarán al Canaán de la Iglesia para completar el propósito profético de Dios.

Los pastores de hoy no deben ser sobreprotectores. Moisés es el típico profeta que ocupa el lugar de ser el pastor mayor de una congregación. Cuando los pastores profetas sobreprotegen su rebaño –son tan motivados por la misericordia que no pueden permitir que Dios castigue adecuadamente a aquellos que están bajo su cargo–, se colocan a sí mismos en la misma clase de peligro profético que Moisés. Aquellos fieles miembros de la iglesia del "orden antiguo", con quienes el "Pastor Misericordia" se siente tan obligado a proteger y a preservar, lo llevaran eventualmente a él o a ella a pecar contra Dios y a cancelar su propósito profético final. El Señor, a su tiempo, quitará al pastor y levantará uno nuevo que lleve a la generación de Josué a la tierra prometida.

He escuchado a Dios decirles a muchos pastores en profecía que algunos miembros de su congregación no creerán ni caminarán con su visión para la iglesia. La palabra de Dios les dijo a esos pastores que dejaran que esas personas se fueran y que no trataran de evitar que lo hicieran. El Señor no puede llevar al pueblo a su ministerio profético prometido a menos que ellos crean y respondan apropiadamente.

El propósito de Dios es más grande que las preferencias humanas. No hay diferencia si alguien es un miembro fundador de una iglesia que ha dado miles de dólares. Los pastores proféticos deben seguir las directrices divinas de Dios. Si en vez de eso, son sobreprotectores, motivados por demasiada misericordia o están atados por un sentido de obligación hacia la porción del orden antiguo de sus congregaciones, entonces ellos probablemente morirán en el desierto con esos miembros de la iglesia y nunca entrarán al mover de Dios presente –ni cumplirán nunca su potencial profético total.

7

EL ORGULLO DEL PROFETA JONÁS Y EL PELIGRO DEL JUICIO

Jonás tuvo la mala semilla de una actitud de orgullo y de un problema de raíz: juzgar demasiado (Jonás 1-4). Mientras que Moisés fue motivado por la misericordia, Jonás fue muy motivado por el juicio. Él estaba más interesado en ver a Dios destruir al malo que en verlo tener misericordia de ellos. Tuvo la debilidad de carácter consistente en estar más preocupado por su reputación que por la gente a quien ministraba.

Los Jonás de la época moderna. Al igual que Jonás, algunos profetas modernos lamentan más la pérdida de "la sombra de la calabacera" de su comodidad personal que la muerte de miles de personas. Su propio espíritu está tan entretejido con las "hierbas Johnson" de egoísmo, orgullo, enojo, venganza, terquedad y ambición personal que huyen de cualquier tarea profética que tenga la posibilidad de hacerlos lucir mal o de fallar en traerles alguna ganancia. Dios debe, providencialmente, forzarlos a ser sus voceros poniéndolos en situaciones restrictivas al fondo del océano de la vida hasta que estén dispuestos a obedecer. Aunque el Señor no los hará ir contra su voluntad, Él tiene maneras de cambiar su disposición.

Estos son profetas inmaduros que responden a Dios y al ministerio como niños consentidos. Quieren decirle a Él cómo cumplir su palabra a través de ellos, porque creen que Dios hará de la manera como ellos piensan que debe ser hecho. Tratan de motivar a Dios por medio de amenazas e intimidación.

"Dios –dicen ellos–, ¡huiré, reincidiré, dejaré el ministerio si no lo haces a mi manera! Si yo hago esto para ti, entonces tú debes hacer esto para mí. ¡Tú me debes, Dios! ¡Esto no es justo; yo merezco más que esto! ¡No tengo que soportar esto, y si tú no me tratas mejor, no seré tu vocero!".

El peligro de Jonás conduce a problemas serios. Los profetas deben tener cuidado con el peligro de Jonás. Los llevará a serios problemas con Dios. Si nosotros seguimos los pasos de Jonás, Él preparará "un gran pez" para que nos trague y hará que el mar nos envuelva alrededor de nuestra cabeza. Dios, providencialmente, nos mantendrá en el fondo de la vida, en un área restringida hasta que renunciemos a culparlo a Él y a otros por nuestro problema y estemos dispuestos a pagar nuestros votos y a obedecer al Señor.

Si nosotros persistimos en mantener la actitud que Jonás tuvo, Dios retirará la cubierta de protección que nos ha provisto. Dejará que los vientos sofocantes y el sol caliente golpeen sobre nuestra cabeza hasta que deseemos, como Jonás, estar muertos.

Como obispo de una compañía de profetas, he tenido que tratar con profetas inmaduros, que estaban enojados con los tratos de Dios en sus vidas. Ellos se resintieron y murmuraron cuando Él no obró en el espacio de tiempo que ellos esperaban. Tales profetas aniñados y consentidos tienen que permitir que Dios los madure hasta realizar un servicio sin egoísmo, llevando a muerte la autopromoción, la popularidad y todas las otras debilidades de carácter que no se asemejan a Cristo.

No tenemos registro de que Dios usara de nuevo a Jonás como profeta, parece que él no tuvo un ministerio continuo como Isaías, Eliseo, Jeremías o Daniel. Los profetas que no arrancan de raíz los problemas de enojo, orgullo, egoísmo y que se preocupan más por sí mismos que por el propósito profético de Dios se convertirán en estrellas de corta vida —en vez de ser un planeta orbitando permanentemente alrededor del propósito eterno de Dios—. Por lo tanto, así como lo descubrieron los marinos del barco a Tarsis, si usted encuentra que tiene un "Jonás" abordo, mejor tírelo al mar o arriésguese a hundirse con él.

8

ACÁN Y EL "SÍNDROME DE MI MINISTERIO"

La severidad del juicio de Dios sobre Acán. El gran pecado de Acán fue tomar de la conquistada ciudad de Jericó un vestido babilónico, una barra de oro de novecientos gramos y alrededor de cuatro kilos de plata (Josué 6:17-19; 7:1-26). El pecado fue serio porque Dios había declarado explícitamente que todo el oro, la plata, el bronce y el hierro fueran dedicados al tesoro de Dios. Él había dicho además que si algunos soldados lo tomaban para sí mismos, serían maldecidos e incurrirían en la maldición de Dios sobre todo Israel.

Todo, incluidos los humanos y los animales de Jericó, debían ser exterminados y destruidos con fuego. Si alguno quebrantaba el mandamiento de Dios, recibiría el mismo juicio decretado para Jericó. Acán hizo justamente eso, así que él, su familia y sus animales fueron apedreados por los israelitas hasta morir y luego fueron quemados y cubiertos con un montón de piedras.

Un nuevo lugar es un lugar peligroso. Los juicios más severos de Dios se manifiestan cuando está estableciendo a su pueblo en un nuevo lugar de ministerio y restauración de la verdad. Por esa misma razón, cuando Él estaba estableciendo la Iglesia del Nuevo Testamento, les quitó la vida a Ananías y a Safira por ser mentirosos (Hechos 5:1-11). El propósito del Señor con tal severidad es producir en el pueblo un temor reverencial hacia su persona y dar a conocer la seriedad de los principios que Él está estableciendo para su nuevo mover. Creo que el actual Movimiento Profético ha llevado a la Iglesia "a través del Jordán" en su viaje de restauración para poseer la tierra prometida. Si este es un hecho que ha sido divinamente establecido, entonces significa que el juicio ha comenzado por la casa de Dios. Su severidad en juzgar toda desobediencia ha comenzado a ser manifiesta en la Iglesia desde 1988, cuando nació el Movimiento Profético. (Ver "Los Comienzos del Movimiento Profético" en capítulo 7, tomo 2 de esta serie).

El peligro y la debilidad del carácter de Acán. ¿Qué fue lo que llevó a pecar a Acán de la manera que lo hizo, mientras miles de sus compañeros soldados israelitas resistieron la tentación? Cuando Josué le preguntó a Acán por sus razones, él respondió: "Yo vi, deseé, tomé, puse en mi tienda". Claramente, la raíz de su problema fue el egoísmo.

Acán fue como los cristianos que están atrapados en el séptimo capítulo de Romanos, cuando las palabras, *a mí, mi, a mí mismo, y yo* son repetidas cincuenta y dos veces en veintiséis versículos. Las personas en esa condición necesitan avanzar hacia el capítulo ocho de Romanos, del capítulo del "yo" en sus vidas al capítulo del "Espíritu", donde la Deidad es mencionada cincuenta y siete veces en treinta y nueve versículos, y donde hay solamente dos pronombres en primera persona. En Inglés, cuando quitas la I de SIN (pecado) y la cambias a O se convierte en SON (hijo). La verdadera condición de hijo en Jesucristo la logramos muriendo al yo y permitiendo que la vida de Cristo sea hecha manifiesta en nuestros cuerpos mortales (2 Corintios 4:10-11; Gálatas 2:20). Si fallamos en avanzar al capítulo ocho, terminaremos haciendo la oración que Pablo hizo al final del capítulo siete: *"¡Soy un pobre miserable! ¿Quién me librará de este cuerpo (vida orientada al yo) mortal?"* (Romanos 7:24).

El "síndrome de mi ministerio". Esta es la debilidad de carácter que yo llamo el "síndrome de mi ministerio". La mala semilla de la actitud de Acán fue el egoísmo y la preocupación única por "el yo y lo mío" sin preocuparse por otros con necesidades y oportunidades similares. Acán era posesivo y se promovió sin tener en cuenta las directrices dadas por el liderazgo. Él era un solitario sin el concepto de lo que es un equipo ministerial.

Los otros seiscientos mil soldados también habían pasado tiempo en el desierto –en paralelo a nuestra preparación para el ministerio–; habían hecho sacrificios (épocas de escasez financiera y pequeñas ofrendas); habían salido sin la posibilidad de cambiar de indumentaria (carencia de nuevas oportunidades ministeriales) y habían evitado la tentación de tomar el oro y la plata (mayores ofrendas y salario). Ellos habían soportado el mismo entrenamiento para la guerra en el desierto. Aun Josué, el comandante en jefe, no manifestó una actitud tan presuntuosa como lo hizo Acán. Ni lo hizo Caleb, que tenía el doble de años en el ministerio.

El síndrome de Acán hará que las personas sientan que están exentos de obedecer la dirección divina y que tienen privilegios especiales para disfrutar de las cosas materiales sobre las cuales Dios ha colocado restricciones. Cuando los profetas comienzan a pensar que merecen más reconocimiento u ofrendas, o se enfocan solamente en sus deseos, posesiones y ministerio propio, quiere decir que la semilla del espíritu de Acán está en su corazón. Cuando ellos presionan por promoción personal, toman el oro que pertenece al tesoro de Dios y lo colocan en su propia "tienda" (ministerio), entonces la destructiva hierba Johnson se ha entretejido con las raíces del buen maíz.

Cuando los cristianos pierden la visión más grande sobre el éxito del Cuerpo de Cristo entero, entonces la semilla de Acán se ha desarrollado como una planta de autodestrucción. Ellos han tomado aquello que Dios odia –el orgullo, el egoísmo y la autopromoción– y que le ocasionó a Lucifer la caída del ministerio de música celestial (Isaías 14:12-15).

El propósito total de Dios es nuestro principal objetivo. Nosotros que somos profetas debemos constantemente recordar que nuestro principal objetivo debe ser el cumplimiento del propósito total de Dios para su Iglesia y no el poseer lo más que podamos o hacer de nuestro ministerio el más grande. Por ejemplo, el propósito de Cristo para mi ministerio particular, como un profeta individual, es completar su más grande propósito de levantar una compañía de profetas para los últimos días. Esta compañía internacional es llamada al propósito más grande de colaborar con Cristo para completar los planes del Señor para su Iglesia universal. La Iglesia de Cristo es entonces llamada a colaborar con Dios en completar sus propósitos para el planeta Tierra. Y la perfeccionada Iglesia sobre la tierra redimida está destinada a completar el aún más grande y eterno propósito que Dios propuso en Cristo Jesús, Señor del cielo y de la tierra.

La mayoría de los problemas de raíz de los ministros y otros miembros de la iglesia seria eliminada si tuviéramos la perspectiva apropiada en los propósitos de Dios para nuestra posición en el Cuerpo de Cristo. El apóstol Pablo ilustró esta verdad cuando usó la analogía del cuerpo humano para describir a la Iglesia: *"Ustedes son el cuerpo de Cristo, y cada uno es miembro de ese cuerpo"* (1 Corintios 12:27).

Interdependiente, no independiente. Por esta razón, cada miembro tiene la responsabilidad de desarrollar su propia función y de mantenerse adecuadamente relacionado a la Cabeza, Jesucristo. El ministerio y el éxito de cualquier miembro individual no es un fin en sí mismo; más bien el ministerio existe para contribuir a la función y realización del Cuerpo entero. Y el Cuerpo entero fue formado y funciona ahora para cumplir el deseo y la dirección de su Cabeza.

Nosotros no somos ministros independientes, sino interdependientes uno del otro y de las directrices de la Cabeza del Cuerpo. Si nosotros tenemos la perspectiva antigua que insiste que el profeta es un solitario, funcionando independientemente del resto de la Iglesia, entonces estamos sujetos al peligro latente del egoísmo. Una fruta separada del manojo solo será pelada y comida. La oveja que está sola es devorada por los lobos.

Si el ministerio profético es el ojo o la boca del Cuerpo, no le puede decir a la mano o al pie "no te necesito". El Cuerpo puede ser capaz de funcionar sin ciertos miembros, pero ningún miembro puede funcionar aparte del Cuerpo. Un miembro que se separa del Cuerpo se marchita y muere a menos que se le ponga algún tipo de sistema de apoyo de vida artificial.

Pero Dios está ahora en el proceso de desconectar el sistema de apoyo de cada ministro que no está adecuadamente relacionado con el Cuerpo de Cristo. Cada miembro enfermo con las células cancerosas de la exclusividad, el aislamiento y la independencia será quirúrgicamente removido por Dios. El sistema de raíz del "síndrome de mi ministerio y mis necesidades primero" será desenterrado y expuesto como lo que es, luego rastrillado y quemado en el fuego purificador de Dios (Malaquías 3:1-3; 1 Corintios 3:12-15).

El espíritu de Acán se manifiesta a sí mismo cuando los ministros están tan envueltos en sus propias necesidades, deseos y ministerio que piensan que tienen el derecho de tomar privilegios especiales y posesiones que están más allá de las de sus compañeros. Un espíritu como ese de autoengaño llevará a los ministros a ser la ley para sí mismos, con una actitud que insiste en decir: "Yo merezco mayores ofrendas y más oportunidades. Si no las tomo por mí mismo, no las tendré. Si no promociono mi propio ministerio, nadie más lo hará". No debemos dejar que el enemigo venga durante la noche de tentación y siembre semillas como las de Acán en el terreno de nuestro corazón (Mateo 13:24-26).

9

LAS DEBILIDADES DEL CARÁCTER DE JUDAS: EL DESEO DE SER RECOMPENSADO POR CADA SERVICIO

Judas y Acán tenían un espíritu similar y el mismo problema de raíz. El pecado externo de Judas fue la traición a su amigo, cuando vendió a Jesús al enemigo. Pero la raíz de su problema fue la manera de pensar; su actitud lo llevó a cometer ese acto. Estoy bien familiarizado con el problema porque, en mis años como obispo de la red de Ministerios Proféticos de Christian International (CI-NPM), he tenido la ocasión de aconsejar y tratar con algunos ministros como "Judas", con una debilidad de carácter similar.

Desilusionado por ambiciones personales. A juzgar por lo que he visto en estos casos, los pensamientos de Judas probablemente eran parecidos a esto: "He dejado mi negocio y sacrificado mis oportunidades para mejorar en mi posición y mis posesiones durante los últimos tres años, siguiendo a Jesús día y noche. Ahora tengo la impresión, por lo que Dios está diciendo y haciendo, de que Él no cumplirá mi sueño. Pensé que seguir a Jesús mejoraría mi posición, mi poder y mi prestigio, pero estaba equivocado".

De esta manera, Judas probablemente fabricó en su mente un argumento para sentirse justificado para tomar las acciones que llevó a cabo. Comenzó a interpretar y a aplicar las promesas proféticas que Jesús había hecho a los doce de una manera diferente de la verdadera intención —como por ejemplo, las palabras de Cristo de que se sentarían en tronos con Él, gobernando a las doce tribus de Israel (Mateo 19:28).

A Judas le parecía que Jesús los había engañado y que no cumpliría la palabra que les había dado. Así que, probablemente, razonó: "Durante los tres años que han pasado, podría al menos haber ganado treinta piezas de plata, me merezco algo por los años de sacrificio y servicio que le he dado a Jesús".

Los pasos en el engaño de Satanás. El primer paso que Satanás da para desarrollar el espíritu de Judas en el pueblo es convencerlos de que el liderazgo al que ellos han estado sirviendo, y con el cual ellos han estado relacionados y al cual dan cuentas, no está viviendo conforme a las promesas que ha hecho. Estas "promesas" pueden ser profecías personales que ellos han recibido o profecías que ellos una vez escucharon dar al liderazgo de la iglesia o al ministerio como grupo. El pueblo que se encuentra desalentado de esta manera, generalmente, hace una interpretación y una aplicación privada –y equivocada– de las promesas del líder o de sus declaraciones proféticas. Esta actitud los lleva a concluir que los líderes no han cumplido su palabra.

Esta manera de pensar como Judas permite un sentido de autojustificación al traicionar una amistad y venderla al enemigo por ganancia personal. Esta acción como consecuencia hace que los que la toman se sientan juzgados por otros a causa de lo que ellos han hecho. Así el autoengaño los convence de que el grupo de líderes y otros no son comprensivos ni ofrecen ningún provecho.

Después el orgullo y un exaltado sentido de autoimportancia los persuade de hacer lo mismo que Lucifer hizo: retirarse y encabezar su propio ministerio. Ellos dejan la comunidad y rehúsan permitir a su supervisor tener entrada en sus vidas. Para entonces, el espíritu de autoengaño ya ha inventado una docena de argumentos del porqué ellos están "justificados" en cada actitud y acción que realizan. *"A cada uno le parece correcto su proceder, pero el SEÑOR juzga los corazones"* (Proverbios 21:2).

El espíritu de Judas comienza en forma de semilla con el sentimiento de que nosotros debemos ser recompensados inmediatamente por cada servicio realizado y recibir reconocimiento a una posición más alta por el tiempo y el dinero gastado en participar y propagar el ministerio. Comienza con la actitud que dice: "Dios me debe por servicios prestados. Merezco lo mejor. Merezco más ofrendas y honor del que estoy recibiendo. Los demás deben reconocerme y hacerme hablar más a menudo". Aquí es donde comienza; pero si no les permitimos a Dios y a los líderes que están sobre nosotros corregir esta debilidad del carácter y ajustar esta actitud, nos ahorcaremos ministerialmente, exactamente como Judas se colgó de un árbol.

Sin derechos de autopromoción o autopreservación. Los profetas deben asumir la actitud ministerial del Espíritu de Cristo, que no demanda el derecho de autopromoción y autopreservación. Jesús no demandó que el Padre lo promoviera y le diera una buena reputación (Filipenses 2:7). Él pudo haber llamado una hueste angelical para que lo ayudara (Mateo 26:53), sin embargo, abandonó sus derechos y su vida por sus hermanos. Permitió que otros lo colgaran de un árbol. Este aparente acto autodestructivo en realidad lo llevó a su preservación, porque el Padre lo levantó de los muertos y promocionó su ministerio para sentarlo a la diestra del trono del cielo.

Jesús estaba tratando con la semilla de esta mala actitud en sus discípulos cuando declaró: *"Ciertamente les aseguro que si el grano de trigo no cae en tierra y muere, se queda solo. Pero si muere, produce mucho fruto"* (Juan 12:24). Los profetas deben morir a la ambición, la autopromoción y el autointerés. Porque si no permiten que el proceso de "morir a nosotros mismos" tome lugar, estarán destinados a, eventualmente, vender su relación con Jesús, como Judas lo hizo, por causa de los bienes del mundo y los deseos carnales.

El fondo del asunto es este: **el egoísmo** es la raíz del problema del noventa y nueve por ciento de todas las actitudes y acciones no escriturales. Centrarse en sí mismo es lo que da poder a las tres fuentes de todo pecado: los deseos de la carne, los deseos de los ojos y la vanagloria de la vida (1 Juan 2:16). Todos los pecados externos vienen de una de estas tres fuentes, y ellos reciben el derecho y el poder de funcionar en un individuo a través de su vida egoísta y no sacrificada.

Por eso, al tratar con los peligros proféticos, debemos descargar el hacha de la verdad en la raíz del árbol más que gastar el tiempo podando las ramas. La vida egoísta y fuera de orden es la raíz del árbol; los pecados individuales y el quebrantamiento de los diez mandamientos con las obras de la carne son, simplemente, las ramas. O también, para usar la anterior ilustración, el adulterio, la mentira, la deshonestidad, el enojo y otras manifestaciones pecaminosas son las hojas de la "hierba Johnson" creciendo sobre la tierra. Pero el egoísmo es el sistema de raíces bajo la tierra. Aunque podemos cortar las hojas de hierba, ellas crecerán de nuevo mientras que el sistema de raíces que está abajo no sea destruido.

Pedro enfrentó circunstancias similares a las de Judas. Él dejó su negocio de pesca y su familia para seguir a Jesús. Cuando Cristo fue arrestado, él también se desalentó, se desilusionó y se confundió aun al punto de negar a su líder y Señor. Sin embargo, Pedro se arrepintió cuando se dio cuenta de que había hablado con necedad e inmadurez, y había actuado equivocadamente hacia Jesús. Como el hijo pródigo en la parábola, se volvió de la actitud que dice **dame** riqueza, fama y libertad, y en su lugar, tomó la actitud que dice **hazme** un siervo del Padre.

Todos nosotros hemos dicho o hecho, o algún día diremos o haremos, cosas necias bajo gran presión, miedo y confusión, especialmente cuando —al igual que los doce– vemos todas nuestras esperanzas, nuestros sueños y nuestro ministerio cayéndose alrededor. Cuando eso sucede, ¿seguimos el ejemplo de Pedro o el de Judas? Como Pedro, debemos estar dispuestos a admitir nuestros errores y a cambiar. Si llegamos a ser divinamente flexibles y ajustables, Dios puede restaurarnos y lograr que nuestro ministerio sea más efectivo de lo que nunca hemos soñado antes.

10

EL SÍNDROME DE SANTIAGO
Y JUAN

La mayoría de los historiadores del Nuevo Testamento estiman que Santiago y Juan tenían alrededor de veinte años cuando Jesús los escogió para ser dos de sus discípulos especiales y, eventualmente, dos de sus doce apóstoles. Después de seguir a Jesús por tres años, Santiago y Juan le pidieron que les concediera un deseo (Marcos 10:35-41). Cuando Jesús preguntó qué era lo que querían que hiciera, ellos dijeron: *"Concédenos que en tu glorioso reino uno de nosotros se siente a tu derecha y el otro a tu izquierda"* (v. 37).

En respuesta, Jesús no reprendió a los hermanos, sino simplemente les preguntó si eran capaces de beber la copa de sufrimiento y muerte que Él bebería. Ellos le aseguraron que podían, y Jesús contestó, en efecto, que así lo harían, pero que ahora no podía concederles esa petición o asegurarles esa posición, aun si lo seguían hasta la muerte.

Más celo que sabiduría. Santiago y Juan ejemplifican la mala semilla del deseo de obtener posición y poder más que servicio y ministerio hacia otros. El "síndrome de Santiago y Juan" es la inmadurez y el impulso ambicioso que lleva a la gente a ir al liderazgo preguntando por el ministerio que es de más alta posición o está más relacionado con el líder. Como usted puede ver, estos dos hermanos no estaban contentos de ser llamados simplemente uno de los doce, ellos querían ser exaltados y tener privilegios especiales y posiciones sobre sus compañeros, los apóstoles.

Santiago y Juan describen la raíz del problema de un ministerio profético joven que tiene más celo que sabiduría. Ellos desearon la autopromoción y las posiciones privilegiadas sobre sus semejantes, sin tener entendimiento del gran precio que hay que pagar. Parte de ese precio es morir a la ambición egoísta por obtener posición y formarse continuamente al carácter de Jesucristo.

Jesús no reprendió a los hermanos por su deseo de estar ceca de Él en su gloria. Solamente respondió a ese deseo con una enseñanza acerca de servicio contra dominio, ministración contra administración, y grandeza y autoridad en el Reino de Dios contra el estándar del mundo para la autoridad y grandeza. De las 10 M, ellos tenían la M de motivaciones fuera de orden. Sus motivaciones tenían todavía que ser purificadas y santificadas.

Recuerde que estos discípulos habían disfrutando el beneficio de estar tres años escuchando la enseñanza de Jesús sobre los principios del Reino. Ellos habían visto una demostración viviente, por medio de Jesús, de cómo sus seguidores debían ministrar. Nosotros hubiésemos pensado que, con tal entrenamiento, ellos habrían entendido al Señor lo suficiente como para renunciar a esta petición tan inmadura.

Sin embargo, Santiago y Juan todavía mostraban la semilla de una mala actitud, y nosotros podemos esperar que muchos otros ministros jóvenes –y otros no tan jóvenes– hagan lo mismo. Así que nosotros, que estamos en una posición de liderazgo desarrollando a otros ministros, debemos orar para tener la paciencia, la sabiduría y el énfasis profético de Jesús, cuando tratamos con jóvenes, hombres o mujeres, que manifiesten el "síndrome de Santiago y Juan".

El andamiaje de Dios. Debo confesar que yo tuve este síndrome en los primeros años de mi propio ministerio. La ambición y el impulso que lo acompañan eran de ayuda en alguna manera, pero Dios tenía que quitarme eso antes que pudiera hacer de mi ministerio lo que Él quería que fuese. Fue un andamiaje que me mantuvo caminando hasta que Dios pudo colocar en mí los fundamentos permanentes de sus motivaciones, su ambición y su carácter.

Todos los jóvenes y ambiciosos profetas y apóstoles deben reconocer la verdad de que, tanto el hombre o la mujer, deben ser formados antes de tener un ministerio, mensaje y milagros poderosos. Josué y Elías, por ejemplo, completaron años de aprendizaje, sirviendo en la visión y el ministerio de otro hombre, antes de recibir gran autoridad y reconocimiento de su propio ministerio.

Como obispo, oro continuamente que Dios me conceda sabiduría divina, para discernir entre aquellos con el espíritu de Judas y Acán, y aquellos con el espíritu de Santiago y Juan. Mi compasión está con aquellos que tienen un corazón puro, pero son ignorantes e inmaduros en algunas de las cosas que dicen y hacen. Sin embargo, mi paterna preocupación por los ministros que estoy desarrollando me causa una justa indignación interna contra el espíritu de Judas y Acán.

Resista la tentación de sentir que ha fracasado. Al mismo tiempo, quiero alentar a otros líderes ministeriales a no ser intimidados por un sentimiento de fracaso cuando sus discípulos fallan en manifestar en sus vidas el fruto de aquello que les ha sido enseñado, como Santiago y Juan. No se desilusionen si alguno los niega y abandona por un tiempo, como Pedro, o aun se vuelve en contra para obtener ganancia personal, ayudando a "crucificarlos" como Judas hizo con Jesús. Si aun Dios el Padre perdió a su ministro de música, Lucifer, y si aun Jesús perdió a su discípulo y tesorero, Judas, entonces, nosotros no debemos desalentarnos demasiado si tenemos una experiencia similar.

Leemos en La Biblia acerca de los apóstoles Pedro, Santiago y Juan, quienes llegaron a ser pilares de la Iglesia Primitiva. Estos fueron los poderosos apóstoles, llenos de sabiduría y madurez, que todo el resto de la Iglesia vio como el liderazgo. Así que, es difícil entender, desde nuestra posición actual, la realidad de que, en los días previos a Pentecostés, estos tres cometieron más errores y causaron más problemas a Jesús que todo el resto. Eran inmaduros, se promovían a sí mismos y eran ambiciosos en sus primeros años de entrenamiento de ministerio apostólico.

Manteniendo su ejemplo en mente, podemos concluir que hay esperanza para los jóvenes apóstoles y profetas de hoy, que tienen un corazón verdadero por Jesucristo, pero que actualmente tienen impulsos y ambiciones de grandeza. Aquellos que hemos estado en el ministerio por más de veinte años podemos ser entristecidos en nuestro interior cuando vemos su inmadurez, pero debemos pedir a Dios que nos conceda gracia, paciencia y sabiduría para ayudarlos a crecer.

Jesús llamó a Santiago y Juan sus "hijos del trueno". Como otros líderes cristianos, tengo también mis "hijos del trueno". Mi esperanza y expectativa es que ellos lleguen a ser columnas y propagadores del movimiento profético, así como lo fueron Santiago y Juan, en la Iglesia del Nuevo Testamento.

Debemos notar aquí que Mateo nos dice cómo Salomé, la madre de Santiago y Juan, originalmente concibió la idea de que ellos pidieran posiciones especiales y presionó para que la solicitud fuese hecha (Mateo 20:20-28). Los ministros deben ser, especialmente, cuidados de aquellos miembros de la familia y compañeros ministros que están muy celosos por su éxito, promoción y reconocimiento. Tales parientes pueden llevarlos a hacer cosas necias e inmaduras que los pondrán en posiciones precarias, y causarán fricción y resentimiento en sus relaciones con otros ministros.

Debemos practicar en nuestros propios ministerios el principio bíblico que declara que el don de una persona es lo que ensanchará el camino para él o ella (Proverbios 18:16), y que el ministerio maduro se manifestará por sí mismo, porque la promoción viene del Señor (Salmo 75:6-7). Al mismo tiempo, debemos tener paciencia con aquellos que muestran el espíritu de Santiago y Juan. Los pastores, obispos y supervisores apostólicos necesitan la oportunidad de trabajar con aquellos que manifiestan este espíritu hasta que sea claro si acaso ellos podrán madurar con el tiempo.

11

EL PELIGRO DEL PROFETA BALAAM

El profeta Balaam debe ser estudiado a conciencia por todo profeta que quiera evitar las debilidades que este personaje bíblico mostró (Números 22:1-24; 25; 31:8-16; Deuteronomio 23:5-6; Josué 13:22; 24:9-10; Miqueas 6:5). Balaam podría haber dado una verdadera palabra del Señor, pero se convirtió en un falso profeta por su actitud personal y su estilo de vida. Su ejemplo debería enseñarnos que juzgar al profeta y juzgar la palabra profética son dos asuntos diferentes.

La profecía debe ser juzgada en tres áreas. Debemos juzgar el contenido de una profecía en tres áreas. Primero, su mensaje debe ser conforme a la verdad bíblica. Segundo, los objetivos y las declaraciones comprobadas acerca del pasado y del presente deben ser verificados con los hechos. Y tercero, las predicciones para el futuro son juzgadas según si llegan o no a suceder.

Por otro lado, debemos juzgar al profeta o a la profetisa de una manera diferente. Los ministros proféticos falsos o verdaderos son discernidos por su carácter, el espíritu de sabiduría, el fruto del Espíritu Santo en sus vidas personales, y si el fruto de su ministerio permanece después de las manifestaciones iniciales de milagros u otras señales.

A medida que leemos todas las referencias bíblicas de Balaam a través de La Biblia, encontramos varios peligros latentes y debilidades de carácter. Para su beneficio, debemos anotar que él se mantuvo en una regla profética importante: rehusó profetizar cualquier cosa excepto lo que Dios le había dado para que dijera. En efecto, Balaam dijo a Balac que no profetizaría diferente aun si le daba la mitad de su reino y de sus grandes posesiones. Aunque, sin embargo, Balaam ambicionaba la fama, la fortuna y el prestigio.

Algunas M en orden, algunas otras no. Evidentemente, aunque Balaam tenía algunas de sus 10 M en orden, tenía muchas de ellas fuera de orden para que llegara a ser juzgado como un falso profeta por Jesús (Apocalipsis 2:14), Pedro (2 Pedro 2:15-16) y Judas (Judas 11) en el Nuevo Testamento. Sus M de mensaje, ministerio, masculinidad y moralidad parecían estar en orden, pero sus M de motivación, madurez, métodos y manejo del dinero no lo estaban. Aunque él se había comprometido a hablar nada más que las puras palabras del Señor, tuvo la autodeterminación y la lujuria suficiente por el poder y las posesiones para persistir en la esperanza de que Dios le permitiría profetizar algo para que Balac lo recompensara.

Dios le dijo a Balaam, cuando él le preguntó la primera vez, que no fuera con Balac a maldecir a Israel. Después de algunos ofrecimientos de recompensa adicionales, sin embargo, Balaam le preguntó de nuevo a Dios para ver si no había alguna manera de que él pudiera ir. Dios le dijo a Balaam que podía ir con los hombres cuando vinieran por él otra vez. Pero no hay indicación en el texto de esa escritura, de si esta confirmación vino antes que Balaam golpeara a su asna para ir donde Balac para profetizar contra Israel.

Un profeta obstinado toma un kilómetro cuando Dios le da solo un centímetro. Dios se enojó porque Balaam, de todos modos, siguió adelante. Él envió un ángel para ocasionar un trastorno en el transporte del profeta para que se detuviera. El asna vio la restricción providencial del ángel, pero el profeta Balaam estaba demasiado cegado por su obstinación, para ver que Dios estaba involucrado en su frustrante situación.

Un punto para ser ponderado por los profetas. A juzgar por la historia de Balaam, aun una asna puede discernir mejor el mundo espiritual y las restricciones divinas de Dios, que un profeta cegado por lujuria, riquezas, poder y promoción. Los profetas con las debilidades de carácter de Balaam permiten que las potenciales recompensas de la riqueza los influencien desagradando a Dios en su lucha por complacer a las personas, para obtener una ganancia terrenal.

Balaam intentó complacer a Dios y servir a Mamón al mismo tiempo. Él tenía un problema en la raíz, al cual Pablo llama, la raíz de todos los males: el amor al dinero (1 Timoteo 6:10). Creo que Balaam mantenía un secreto resentimiento en su corazón hacia Jehová, por no permitirle profetizar cualquier cosa que Balac deseara en contra de Israel –causándole la pérdida de todas las riquezas y promoción prometidas por Balac.

Balaam no podía profetizar nada excepto lo que Dios le decía, por eso, finalmente evitó esa restricción no profetizando en el nombre de Jehová. En cambio, hizo uso de su discernimiento profético y aconsejó a los moabitas y madianitas acerca de cómo destruir a los israelitas inclinándolos a pecar contra Dios a través del adulterio y la idolatría (Apocalipsis 2:14). Haciendo eso, Balaam recibió las riquezas y posición que quería, aunque luego fue destruido con los madianitas bajo el juicio de Dios (Josué 13:22).

Viendo a los profetas como Dios los ve. Cuando leemos el relato de Balaam en Números, él no aparece como un profeta falso o como un profeta con motivaciones equivocadas. Solo a la luz de los comentarios de Pedro, Judas y Jesús acerca de Balaam, comenzamos a verlo como Dios lo ve. Si juzgáramos a este profeta solamente por la exactitud de sus profecías, tendríamos que declararlo un profeta verdadero.

Balaam profetizó solamente lo que Dios le hablaba, aunque le ofrecieron grandes riquezas para profetizar algo diferente. Las referencias en Números lo hacen parecer como un hombre de integridad en el ministerio profético, quien resistía todas las tentaciones. De hecho, él dio la única profecía mesiánica en el libro de Números y fue el más grande profeta entre sus semejantes.

Entonces, ¿sobre qué base el Nuevo Testamento lo declara **como un profeta falso**? Su falso estado es percibido únicamente por el espíritu de discernimiento de Dios, el cual examina el corazón y los motivos. Las Escrituras declaran que los seres humanos juzgan por lo externo y las actuaciones, pero Dios juzga el corazón, pesa el espíritu e identifica el motivo que está detrás del desempeño (1 Samuel 16:7; Proverbios 16:2).

Motivos más acciones equivale a obras. El libro de Apocalipsis dice que el destino y la recompensa eterna de toda persona serán determinados por sus obras. Las obras son más que las acciones, ellas son formadas por la ecuación que yo llamo: M + A = O, o sea, Motivo más Acción equivale a Obras. Así que, para juzgar si alguien es un profeta falso o verdadero, Dios evalúa los motivos de la persona así como el ministerio. Varios incidentes registrados en La Palabra muestran personas que parecen correctas dando falsas profecías y luego son juzgados como falsos profetas. Pero Balaam es el único que describe la realidad de un profeta que puede dar profecías exactas y aun así ser una persona lo suficientemente equivocada en su interior para ser juzgado como un falso profeta. Y tristemente, la mayoría de los cristianos no se dan cuenta de que un profeta como Balaam es un falso profeta. La mayoría de ellos solo conocen el pasaje en Deuteronomio (18:22), que declara que el estatus de "profeta verdadero" está determinado por si la palabra dada por una persona es exacta y se cumple.

Balaam habló solamente palabras dirigidas por Dios, y ellas se cumplieron. Pero el Nuevo Testamento lo usa como ejemplo de lo que un profeta no debe ser y hacer. Dios está más preocupado por la pureza de sus profetas, que por la exactitud de sus profecías. Él valora al hombre o la mujer en sí mismos y sus motivaciones, así como su mensaje y su ministerio.

Lobos vestidos de ovejas. Escuche las palabras de Jesús en relación al espíritu interior y la motivación: Cuídense de los falsos profetas. Vienen a ustedes disfrazados de ovejas, pero por dentro son lobos feroces. Por sus frutos los conocerán (…) No todo el que me dice:

"Señor, Señor", entrará en el reino de los cielos, sino sólo el que hace la voluntad de mi Padre que está en el cielo. Muchos me dirán en aquel día: "Señor, Señor, ¿no profetizamos en tu nombre, y en tu nombre expulsamos demonios e hicimos muchos milagros?" Entonces les diré claramente: "Jamás los conocí. ¡Aléjense de mí, hacedores de maldad!". (Mateo 7:15-16, 21-23)

Jesús dijo que un profeta puede tener la vestidura externa y el ministerio de una oveja, pero también tener el espíritu interno y la motivación de un lobo. Estos son profetas con profecías exactas y obras milagrosas, pero no son rectos, no en su interior.

Intimidad con Dios. El verbo *conocer* es usado en el hebreo del Antiguo Testamento para expresar la relación íntima entre esposo y esposa, como en *"conoció Adán a su mujer Eva"* (Génesis 4:1 RVR 1960). Creo que el uso de Jesús de la palabra *conocer* expresa un significado similar en sentido metafórico.

Cuando habla de estos falsos profetas, Jesús dice que, en una ocasión, ellos pasaron por una "ceremonia legal" espiritual, al casarse con Él cuando nacieron de nuevo y fueron llamados al ministerio. Ellos tomaron el poder legal de su "esposo" (Cristo) y escribieron cheques en el Banco del Cielo, firmándolos en nombre de Jesús. Ahora ellos profetizan y obran maravillosos trabajos por la gracia de Dios, la fe y la capacitación divina. Sin embargo, ellos nunca permiten que la vida y las motivaciones de Jesús sean su motivación y propósito para ministrar. Por eso, en aquel día, Jesús les dirá que nunca los **conoció**.

Los ministros profetas deben guardarse contra el autoengaño, la autojustificación y la motivación inapropiada. Por lo tanto, necesitamos que otros nos ayuden a vernos a nosotros mismos en las áreas donde tenemos puntos ciegos. El libro de los Proverbios nos dice que *"a cada uno le parece correcto su proceder"* (16:2), y el profeta Jeremías dijo: *"No hay nada tan engañoso como el corazón. No tiene remedio. ¿Quién puede comprenderlo?"* (Jeremías 17:9).

Por esta razón, cada profeta necesita someterse a alguien a quien respete lo suficiente como para estar dispuesto a escucharlo cuando la otra persona le dé instrucción y corrección. Por eso, en Christian International, hemos establecido una estructura de responsabilidad: el profeta apostólico mayor con la visión y carga por los ministros proféticos sirve como el presidente, y luego hay una Junta de Gobernadores que consiste en apóstoles maduros y ungidos. Los profetas y pastores funcionan como parte de la dirección y como un lugar en el cual hay que dar cuentas y establecer relaciones con todos los ministros de la red.

Al mismo tiempo, como obispo de la red, personalmente doy cuentas a mis compañeros obispos en el Colegio Internacional de Obispos Carismáticos. La mayoría de ellos tienen más edad que yo y han estado en el ministerio por mucho más tiempo, así que están en buena posición para llevar corrección y revelar puntos ciegos en mi vida.

12

EL OPTIMISMO DIVINO DE JOSÉ CONTRA EL PESIMISMO HUMANO DE JACOB

Los personajes bíblicos de José y de Jacob nos proveen de un útil estudio del contraste de sus actitudes hacia la vida y el ministerio. En sus historias, encontramos que el problema raíz de Jacob –tener una personalidad pesimista– obstaculiza el ministerio, mientras que la perspectiva y los principios de la vida de José pueden preservar un ministerio en tiempos difíciles. Obviamente, queremos evitar los peligros del primero e imitar el ejemplo del último.

El negativismo de Jacob. Jacob es el ejemplo típico de un profeta de nuestros días con complejo de persecución, y con una actitud negativa hacia las personas y el ministerio (Génesis 42:36; 47:9). Él tuvo que dejar el hogar a causa de un conflicto con su padre y su hermano mayor. Esto es típico de un ministro profeta que ha tenido que dejar su denominación o iglesia local por conflictos con los líderes o el pastor.

Después de dejar el hogar, los problemas de Jacob continuaron. Trabajó para su tío Labán, un hombre que constantemente trataba de utilizarlo, engañarlo y manipularlo para construir su propio reino. Jacob tuvo que ser más listo y manipular a Labán para poder sobrevivir y prosperar.

Cuando Jacob conoció a Dios y fue transformado, él cesó en sus métodos de manipulación. Pero retuvo una actitud negativa. Cada vez que le pasaba algo desagradable, concluía: "Todo está contra mí" (Génesis 47:9).

Los ministros proféticos con un fundamento y una personalidad como la de Jacob deberán superar continuamente el sentimiento de que otros están tratando de usarlos o que están trabajando contra ellos. Cada tragedia o revés trae una respuesta de pesimismo, desaliento, autocompasión y reclamo, con períodos de improductividad.

La perspectiva positiva de José. Por otro lado, los profetas con la perspectiva de José tienen una visión general del propósito eterno de Dios. Nunca pierden la fe en la comunicación original del Señor hacia ellos acerca de su propósito para sus vidas. José creyó que todo lo que le sucedió fue providencialmente ordenado por Dios. Así declaró a sus hermanos: *"Fue Dios quien me envió aquí, y no ustedes (…) Es verdad que ustedes pensaron hacerme mal, pero Dios transformó ese mal en bien"* (Génesis 45:8; 50:20).

La contraparte de José en el Nuevo Testamento en este aspecto, el apóstol Pablo, tenía la misma perspectiva. Él afirmó: *"Sabemos que Dios dispone todas las cosas para el bien de quienes lo aman, los que han sido llamados de acuerdo a su propósito"* (Romanos 8:28). Los profetas con la personalidad de José creen, así como él hizo, que Dios está dirigiendo providencialmente todos los asuntos de sus vidas en la medida en que buscan hacer su voluntad y completar su propósito. Ellos perdonan rápidamente a aquellos que los han usado y abusado. Aun bendicen a tales personas cuando se arrepienten, permitiendo a sus anteriores perseguidores compartir la prosperidad y la promoción de Dios en sus vidas.

"Terremotos personales". Mi esposa y yo, en el transcurso de nuestros años de ministerio, hemos soportado reveses mayores al estilo de José. Es lo que yo describo como situaciones que sobrepasan el entendimiento, rompen el corazón, sacuden el alma y, aparentemente, son como si el mundo estuviera llegando a su fin. Aunque no daré detalles al describir estas experiencias, creo que sería útil hablarles a los ministros jóvenes para que adopten el estilo de Pablo al escribirle a la iglesia de Corinto, cuando les recordó las pruebas que había soportado (2 Corintios 4:8-10; 11:23-33).

En el pasado, he sido perseguido, han mentido sobre mí, me han sacado del ministerio, quitado de posiciones ministeriales y de oportunidades sin justa causa. Fui dejado de lado y, por mucho tiempo, he recibido ingresos del mundo secular hasta que Dios abrió de nuevo las puertas al ministerio de tiempo completo. He sido acusado de creer y enseñar doctrinas que realmente me son extrañas, y he sido acusado de tener propósitos y motivos equivocados para ministrar. También he sido acusado un par de veces de ser un falso profeta y de entregar palabras inexactas.

No es de extrañar, entonces, que puedo rápidamente identificarme con José, quien fue ofendido, echado fuera y vendido a esclavitud por sus propios hermanos. Y usted puede estar seguro de que el diablo y la carne han tratado de tentarme para que me entregue al tipo de pesimismo de Jacob. Pero la palabra de Dios no da espacio a los ministros y a los otros santos para ser amargados, resentidos, vengativos, no perdonadores o pesimistas –no importa cuán cruel, sin corazón, no bíblico, sin ética e injusto haya sido el comportamiento de alguien hacia nosotros.

Mi esposa y yo hemos sobrevivido a través de cuatro "terremotos personales" que probablemente registraron el nivel ocho en la escala espiritual de *Ritcher* al medir su severidad. Y hemos superado otros incontables temblores menores. Pero sobrevivimos a todos manteniendo la buena semilla de la actitud de José y la perspectiva positiva de fe del apóstol Pablo, que insiste en que Dios trabaja providencialmente a través de todas las cosas en las vidas de aquellos que lo aman y que son llamados de acuerdo a su propósito.

Exhorto con firmeza a todos los ministros proféticos a desarrollar la misma actitud y los mismos principios. El **verdadero** espíritu y el perfil de personalidad profética demuestran perdón, amabilidad, restauración y servicio al Cuerpo de Cristo. Aquellos que ministran con un corazón negativo, pesimista y lleno de heridas del pasado no experimentan progreso o promoción a nuevas posiciones.

Esté abierto a la corrección. Si alguien afirma que usted está manifestando alguno de los obstáculos para crecer que hemos discutido en esta sección –la mala semilla de actitudes, problemas de raíz, síndromes o debilidades de carácter–, responda con la sabiduría del cielo, que es pacífica y amable (Santiago 3:17). El libro de Proverbios nos dice cómo ser profeta sabio: *"Escuche esto el sabio, y aumente su saber; reciba dirección el entendido (...) No reprendas al insolente, no sea que acabe por odiarte; reprende al sabio, y te amará. Instruye al sabio, y se hará más sabio; enseña al justo, y aumentará su saber"* (Proverbios 1:5; 9:8-9).

La principal debilidad de carácter de burladores y necios descrita en Proverbios es que, a sus ojos, la corrección significa rechazo. Por esta razón, cuando usted trata de corregir a profetas escarnecedores y necios, ellos sienten que usted está en su contra para obstaculizarlos o destruirlos. Aun la corrección dada en amor con gran tacto por medio de autoridad delegada, es casi imposible para ellos escucharla, recibirla y actuar, con respecto a ella, en el espíritu de sabiduría.

Nosotros, ciertamente, no queremos estar en compañía de escarnecedores y necios. Así que debemos considerar en oración cualquier sugerencia que recibamos concerniente a una necesidad de ajuste, si queremos evitar todos los peligros latentes del diablo para los profetas y las debilidades personales de carácter que pueden al final destruirnos. Debemos dedicarnos a ejemplificar el verdadero espíritu y el carácter de la gran compañía de profetas que Dios está levantando para alistar un pueblo y preparar el camino para la venida de Cristo.

Los personajes bíblicos usados en esta sección describen muchos de los síndromes de profetas, debilidades de carácter, raíces de problemas y mala semilla de actitudes, pero son solo una pequeña porción de lo que puede ser retratado. Como el escritor del libro de Hebreos, que da su lista de héroes de la fe, concluye diciendo: *"Me faltaría tiempo para hablar de Gedeón, Barac, Sansón, Jefté, David, Samuel y los profetas"* (11:32), tomos futuros cubrirán el espíritu de Jezabel, el síndrome de Absalón, el síndrome del éxito en David, que resultó en cometer adulterio y asesinato, más muchos otros que manifestaron ciertas debilidades de carácter que obstaculizaron su caminar con el Señor.

Espero que lo que aquí se ha presentado le dé al lector llaves para abrir las puertas a las habitaciones interiores de los motivos escondidos y los problemas de raíz. Que Dios nos conceda la sabiduría y la gracia para tratar con cada una de estas malas semillas antes que broten y lleguen a ser árboles de injusticia.

Las 10 M

Para madurar y Mantener la Masculinidad y el Ministerio.
Determinar si la condición de un ministerio profético es verdadera o falsa

1. MASCULINIDAD

Gn 1:26-27	Dios hace al hombre antes de manifestar un ministerio poderoso
Ro 8:29	El hombre, a parte de posición, mensaje o ministerio
Heb 2:6-10	Personalidad: evaluando la persona no su desempeño
1 Ti 2:5	Masculinidad de Jesús 30 años; ministerio 3 1/2; proporción 10 a 1

2. MINISTERIO

2 Co 6:3	Sin ofensa al ministerio. 1 Co 2:4-5, poder y demostración
Mt 7:15-21	Por sus frutos los conoceréis: unción, resultados
Dt 18:22	Profecías o predicación productiva: probado, puro, positivo

3. MENSAJE

Ef 4:15	Hablando la verdad en amor; verdad presente, trayendo vida
1 Ti 4:2	Mensaje balanceado, bíblico, correcto doctrinal y espiritualmente
Mr 16:20	Dios confirma su palabra no a la persona, orgullo o reputación

4. MADUREZ

Stg 3:17	Actitud correcta, madurez en relaciones humanas, sabiduría divina
Gá 5:22	Fruto del Espíritu, carácter que refleja a Cristo, confiable, firme (He 5:14)
1 Co 13	No aninãdo, conocedor de La Palabra y maduro, no un novato

5. MATRIMONIO

1Ti 3:2-5	Bíblicamente en orden. La Familia personal contra La Familia de Dios
1 P 3:1-7	Prioridades en orden: Dios, esposa y familia, el ministerio
Ef 5: 22-23	Un matrimonio que ejemplifica la relación de Cristo y su Iglesia

6. MÉTODOS

Tit 1:16	Rígidamente recto, ético, honesto, íntegro, correcto
Ro 1:18	Sin manipular o engañar, sin hablar "evange-elástica-mente"
Ro 3:7-8	Los resultados buenos no justifican el uso de métodos no bíblicos

7. MODALES

Tit 1:7; 3:1-2	Sin egoísmo, educado, bondadoso, caballeroso, discreto
Ef 4:29; 5:4	Lenguaje apropiado, comunicación adecuada en palabras y modales

8. MANEJO DE DINERO

1 Ti 3:6	"No un neófito, no sea que envaneciéndose caiga en la condenación del diablo"
1 Ti 6:5-17	Lucas 12:15. El amor al dinero y el materialismo destruye (Acán)

9. MORALIDAD

1 Co 6:9-18	Virtuoso, puro y en relaciones apropiadas, Col 3:5
Ef 5:3	Pureza sexual bíblica en actitud y acción, 1 Co 5:11
Mt 5:28	Pensamientos erróneos con el deseo de hacer, sin oportunidad de actuar

10. MOTIVACIÓN

Mt 6:1	¿Servir o ser visto? Llevar a cabo su deseo personal o el deseo de Dios
1 Co 16:15	¿Motivación correcta... para ministrar o ser ministrado?
Pr 16:2	¿Para anunciar la verdad o solo para ser oído por el hombre?
1 Co 13:1-3	Motivado por el amor de Dios o por el deseo de adquirir poder, fama, renombre, etc.

13

LAS 10 M PARA MADURAR Y MANTENER EL MINISTERIO

El carácter personal de un ministro profético –o de cualquier otro ministro– es el fundamento de su ministerio. En años recientes, todos hemos visto con demasiada claridad, que aun aquellos cristianos –cuyos ministerios pueden tener todas las llamadas señales del "éxito", tales como prosperidad financiera, fama internacional y popularidad e, incluso, milagros– están condenados a sufrir un humillante colapso si fallan en construir sus obras sobre una base sólida de pureza personal y madurez.

A la luz de eso entonces, antes que tratemos con aspectos específicamente relacionados con el ministerio profético, necesitamos dar una mirada de cerca a lo que yo he constituido como "Las 10 M para poder madurar y mantener el ministerio". Estas son diez áreas de nuestra vida que necesitan examen y corrección si queremos probarnos a nosotros mismos que somos verdaderos ministros proféticos de Dios.

MASCULINIDAD (O FEMINIDAD). Dios creó a la humanidad a su propia imagen (Génesis 1:26-27). Creo que cuando el Eterno creó a Adán, lo hizo con el tipo de cuerpo en el que Él quería que su Hijo morara para la eternidad. Él dio a Adán y a Eva el poder para reproducirse en seres de su propio tipo, y planeó que cuatro mil años después, una mujer de su descendencia sea utilizada por el Espíritu Santo para concebir a Jesús, quien fue Dios en carne. Jesús nació con un cuerpo mortal, a través del cual mostraba al mundo a Dios el Padre. El cuerpo mortal del Hijo de Dios murió en la cruz y derramó la vida de su sangre para la redención de la humanidad. Este cuerpo humano fue colocado en una tumba, pero Dios lo resucitó y lo inmortalizó. El mismo cuerpo fue llevado al cielo y fue sentado a la derecha del Padre. Este cuerpo humano es ahora el cuerpo eterno del Hijo de Dios para siempre. De este modo, Cristo se convirtió en Dios-Hombre: el Dios perfecto para la humanidad y el hombre perfecto de Dios.

Con Jesús en mente como modelo, Dios tuvo primero que hacer a Adán y a Eva a su propia imagen y semejanza, antes que ellos pudieran desarrollar su "ministerio" en el Jardín del Edén. Lo mismo es verdad para nosotros: Dios quiere hacernos como Jesús antes que podamos ministrar como lo hizo Jesús. Dios debe formar primero al hombre o a la mujer antes que Él manifieste a través de él o ella un ministerio poderoso.

Recuerdo cómo, hace algunos años, cuando predicaba una noche, le decía a la congregación que debíamos ser como Dios. Quería decir, por supuesto, que debemos ser devotos, santos, tener el carácter moral de Dios. Pero en el momento en que hablaba, escuché al Espíritu Santo decir: "Si se los dices de ese modo, la gente se va a desesperar, pensarán en Dios el Padre, y ellos saben que no pueden ser eternos, omnipotentes y omniscientes. En lugar de eso, diles que sean como Jesús, el perfecto hombre y el perfecto Dios".

La Estirpe de la Iglesia. Nosotros no estamos destinados a convertirnos en un dios, como lo enseña la Nueva Era. Pero estamos predestinados a ser conformes a la imagen de Cristo Jesús (Romanos 8:29). Dios creó al hombre Adán para ser el padre de la raza humana. Abraham fue llamado para ser el padre de la raza hebrea, pero Jesús fue llamado a ser el Padre espiritual de una raza de la humanidad llamada la "Estirpe de la Iglesia". Esta raza de personas en la tierra tiene vida eterna en sus espíritus, mientras que sus cuerpos físicos aún son mortales. Al final de la era de la Iglesia, todos los miembros de esta estirpe tendrán sus cuerpos transformados en cuerpos eternamente inmortales. Tal transformación no los cambiará en otra criatura diferente de los seres humanos, pero serán el tipo de seres humanos que Dios planeó que fueran, desde el principio.

La resurrección y traslado de los santos hará sus cuerpos tan eternos como lo son ahora sus espíritus. El mismo espíritu que levantó a Jesús de los muertos hará sus cuerpos físicos tan inmortales como Él. Aunque en la humanidad, la estirpe de la Iglesia está destinada a ser ciudadanos espirituales del cielo, llegarán a tener cuerpos inmortales de carne y hueso –cuerpos como el que Jesús tiene ahora sentado a la derecha del Padre (Filipenses 3:21).

Dios hizo a la humanidad en el Jardín del Edén, a la manera que Él quería que la raza fuera para toda la eternidad: con espíritu, alma y cuerpo conforme a la imagen y semejanza de Dios. Él nunca planeó que la humanidad evolucionara en ángeles, querubines, serafines o en Dios mismo. Nosotros, como santos, nunca llegaremos a ser ángeles de Dios, pero seremos como el hombre perfecto, Cristo Jesús.

¿Por qué deberíamos querer ser otra cosa diferente? El ser humano es el ser más elevado que Dios alguna vez creó sobre la tierra o en cualquier otro lugar del universo. La humanidad lavada en su sangre y redimida está destinada a ser heredera juntamente con Jesucristo de todo lo que Dios tiene (Romanos 8:17). No hay llamado más elevado en el universo que ser un miembro de la nueva creación de la eterna raza de la Iglesia.

Jesús exhortó a sus seguidores a no regocijarse en el poder espiritual y en el ministerio apostólico que Él les había dado, sino a alegrarse de que ellos eran pueblo de Dios y que sus nombres están inscritos en el libro de la vida del Cordero (Lucas 10:20). Pablo recibió esta verdad y la demostró, no vanagloriándose en su posición o en su poder para echar fuera demonios y sanar enfermos. En lugar de eso, se glorió en el gran llamamiento de llegar a ser cambiado "de gloria en gloria" hasta alcanzar la imagen y semejanza de Cristo (2 Corintios 3:18).

Nuestro más alto llamamiento y más importante objetivo no es ser el más grande apóstol, profeta o persona profética, sino más bien, ser el hombre o la mujer del tipo de Cristo que Dios quiere ahora y para siempre. La humanidad fue hecha de la manera que se supone debía ser para cumplir la voluntad de Dios y hacer su obra a través de la eternidad. Los seres humanos redimidos tienen el llamamiento más alto y el más alto destino que cualquier otra creación de Dios.

Haga que su objetivo sea tener el carácter de Cristo. Para nosotros ser santos —esto es, ser como Dios— significa ser como Jesús, quien es nuestro modelo perfecto como creyentes y como ministros. Esto significa que también debemos ser totalmente humanos y no lo que llamo un "súper espiritual". Más bien, debemos ser el tipo de hombre o mujer que sabe caminar de una manera natural sobre la tierra, mientras camina de una manera sobrenatural en el espíritu. Nuestros cuerpos de carne y hueso no son pecadores porque, cuando son lavados por la sangre de Cristo y santificados por el Espíritu Santo, se convierten en el lugar de la morada de Dios aquí, en el planeta Tierra (1 Corintios 6:19-20).

Pablo le dijo a la iglesia de Corinto: *"Empéñense en seguir el amor y ambicionen los dones espirituales"* (1 Corintios 14:1). Creo que la mejor definición de amor es tener la madurez y el carácter de Cristo. Así que, una manera de parafrasear este versículo sería: "Sigan el carácter de Cristo al mismo tiempo que desean y activan sus dones espirituales". A medida que buscamos objetivos del ministerio a través de actividades y dones espirituales, debemos recordar, sin embargo, que el objetivo fundamental es nuestro carácter.

Otra traducción de este pasaje dice: *"Que su objetivo sea el amor"*. Nosotros debemos hacer del carácter de Cristo nuestro blanco primario y nuestro objetivo fundamental cuando ministramos. Cuando Pablo estaba diciendo a los romanos acerca de la principal intención de Dios para con nosotros, él no habló de nuestra posición, nuestro mensaje y nuestro ministerio. Habló más bien de nuestro carácter: *"Porque a los que conoció de antemano, también los predestinó a ser transformados según la imagen de su Hijo, para que él sea el primogénito entre muchos hermanos"* (Romanos 8:29). Nuestra transformación a la imagen de Cristo es lo que Dios principalmente busca, así que cualquier cosa que nos suceda está obrando para nuestro bien y hacia ese objetivo (Romanos 8:28).

En el objetivo fundamental de Dios, entonces, no hay "buenos" tiempos o "malos" tiempos para aquellos que lo aman y son llamados de acuerdo a su propósito. El "mal" tiempo que usted está pasando justamente ahora puede ser el mejor tiempo para su ganancia eterna, porque puede estar obrando más para impulsarlo hacia el objetivo de llegar a ser como Jesús. Los tiempos duros para el "hombre externo" –su ser físico, emocional, financiero y social– pueden estar fortaleciendo su "hombre interior", su ser espiritual (2 Corintios 4:16).

Después de todo, si somos honestos, debemos admitir que nosotros tendemos a crecer menos cuando todo está saliendo bien. Nuestros años de preparación para madurar humanamente son más importantes que nuestros años de ministerio. Porque sin la adecuada preparación personal, el desempeño de nuestros poderosos ministerios se pervertirá y no podrá resistir permanentemente.

A través de los años, ahora veo que mis enemigos me han enseñado más que mis amigos. A través de ellos, he adquirido mucha sabiduría, perdón, paciencia, sufrimiento y entendimiento de la naturaleza humana. Desde un punto de vista fundamental, los cristianos no tienen problemas; nosotros solamente tenemos propósitos predestinados ordenados por Dios para conformarnos a la imagen de Cristo.

Ya que La Escritura declara que Jesús mismo fue hecho perfecto a través del sufrimiento (Hebreos 2:10), ¿cómo podríamos esperar algo diferente para nosotros? Y si Jesús pasó treinta años preparándose para tres años y medio de ministerio, nosotros tampoco debemos sorprendernos si Dios gasta una gran porción de nuestra vida formando nuestra humanidad antes de lanzarnos al ministerio principal. Para mantener nuestro ministerio y madurar en él, debemos entonces asegurarnos de permitir a Dios el tiempo y el proceso que requiera, para hacernos el hombre o la mujer que necesitamos ser y así poder hacer lo que Él nos ha llamado a hacer.

Juzgando a ministros. Al juzgar a los ministros como falsos y verdaderos, lo que debe ser juzgada es la calidad de su hombría o feminidad. Nosotros debemos evaluar a los ministros aparte de su ministerio, posición, título o de sus dones. En una evaluación de ese tipo, debemos preguntarnos a nosotros mismos: ¿es este el tipo de persona que yo quisiera como mi mejor amigo, vecino o colaborador en el Reino de Dios por toda la eternidad?

He conocido ministros poderosos operando en milagros quienes han levantado grandiosos trabajos espirituales –aun cuando, en su hombría personal o feminidad, ellos tienen tantos atributos no cristianos que no los querría como amigos personales–. No me gustaría pasar mis vacaciones con ellos, mucho menos la eternidad.

Recuerde: nosotros podremos no manifestar nuestro ministerio actual a través de la eternidad, pero seremos el tipo de personas que ahora somos por toda la eternidad. No puedo encontrar un texto en Las Escrituras que declare que recibiremos una transformación de carácter al morir o al regresar el Señor. La resurrección y el traslado de los santos al final de la era está diseñada solamente para cambiar una cosa: nuestros cuerpos físicos serán transformados de mortales a inmortales (Filipenses 3:21; 1 Corintios 15:51; 1 Tesalonicenses 4:17).

Por otro lado, el carácter de Cristo llega a darse a través de una transformación muy diferente: la "renovación de nuestra mente" (Romanos 12:2), o sea, el continuo cambio a su imagen de gloria en gloria (2 Corintios 3:18). Con esta verdad en mente, Juan declaró:

Queridos hermanos, ahora somos hijos de Dios, pero todavía no se ha manifestado lo que habremos de ser. Sabemos, sin embargo, que cuando Cristo venga seremos semejantes a él, porque lo veremos tal como él es. Todo el que tiene esta esperanza en Cristo, se purifica a sí mismo, así como él es puro. (1 Juan 3:2-3)

Estas son algunas de las razones por las que Dios tiene más preocupación en que los ministros sean hombres y mujeres reales con el carácter de Cristo, que en que sean ministros poderosos.

MINISTERIO. La segunda área a la cual debemos prestar atención, si vamos a madurar en el ministerio, son los frutos de ese ministerio. Jesús se refirió a esta área cuando previno a sus discípulos acerca de que vendrían a ellos falsos profetas como lobos feroces vestidos de ovejas. Él dijo sobre los verdaderos ministros: *"Por sus frutos los conocerán"* (Mateo 7:15-20). ¿Cuánto dura el efecto positivo de nuestro ministerio? ¿Esto solo es espuma o hay fruto duradero? Después de que todo lo emocionante, los gritos, los cantos y la danza terminan, ¿qué cosa permanece que es de valor?

¿Nuestro ministerio manifiesta la unción de Dios, la cual es la capacitación divina de la gracia que obtenemos para lograr los resultados que Él quiere? ¿O hay más palabras que verdadero poder? El apóstol Pablo enfatizó:

No les hablé ni les prediqué con palabras sabias y elocuentes sino con demostración del poder del Espíritu, para que la fe de ustedes no dependiera de la sabiduría humana sino del poder de Dios (…) Porque el reino de Dios no es cuestión de palabras sino de poder. (1 Corintios 2:4-5; 4:20). No tenemos excusa para no demostrar la dimensión sobrenatural de los dones espirituales en nuestro ministerio.

¿Es productiva nuestra predicación o nuestra profecía? ¿La palabra que hablamos es positiva, pura y probada? ¿Hemos sido exactos y ha producido nuestro ministerio el fruto del Espíritu en aquellos a quienes hemos ministrado?

Aunque no estamos más bajo la ley de Moisés, debemos mantener en mente lo serio que es ante los ojos de Dios ministrar en su nombre. Él dijo a los israelitas de la antigüedad: *"Pero el profeta que se atreva a hablar en mi nombre y diga algo que yo no le haya mandado decir, morirá"* (Deuteronomio 18:20). ¿Cómo sabemos si nuestras palabras han sido verdaderamente de Dios? En el mismo pasaje bíblico, Dios le dijo al pueblo cómo juzgar:

Tal vez te preguntes: "¿Cómo podré reconocer un mensaje que no provenga del SEÑOR?" Si lo que el profeta proclame en nombre del SEÑOR no se cumple ni se realiza, será señal de que su mensaje no proviene del SEÑOR. Ese profeta habrá hablado con presunción. No le temas.(vv. 21-22)

Adicionalmente, debemos considerar si nuestra predicación o profecía ha causado tropiezo a la gente o ha desacreditado de algún modo el ministerio. Pablo podía declarar: *"A nadie damos motivo alguno de tropiezo, para que no se desacredite nuestro servicio"* (2 Corintios 6:3). Fue aun más allá al reportar cómo él y aquellos que ministraron con él habían soportado dureza, oposición, duro trabajo, calumnias y privaciones, pero que a pesar de todo, no habían dado a nadie una causa genuina de condenación por su trabajo.

Esto no quiere decir, por supuesto, que nuestro ministerio nunca causará controversia o crítica, aun Pablo tuvo esos problemas en abundancia. Pero quiero decir que debemos sufrir por causa de la verdad y la justicia en nuestro ministerio, no por causa de piedras de tropiezo innecesarias que hemos levantado ofendiendo indebidamente (1 Pedro 4:15).

Función en plena autoridad. Quiero alentar y desafiar a todos los ministros cristianos a que funcionen en su total autoridad como ministros del Nuevo Testamento. El apóstol Pablo dijo que Dios *"nos ha capacitado para ser servidores de un nuevo pacto, no el de la letra sino el del Espíritu; porque la letra mata, pero el Espíritu da vida"* (2 Corintios 3:6). Él estaba enfatizando la gran verdad de que los ministros nacidos de nuevo y llenos del Espíritu pueden ministrar los dones del Espíritu Santo y la gracia tan fácilmente como predican el logos de La Palabra de Dios.

Todo lo que el Espíritu Santo ha sido comisionado a ser y a hacer para la Iglesia, el ministro del Nuevo Testamento puede ministrarlo al pueblo de Dios. La revelación de esta verdad me dio la fe para ministrar cosas espirituales con la misma autoridad y unción que tengo al predicar La Palabra. Aquellos ministros que entienden esta verdad, y están ministrando el Espíritu de la misma manera que ministran la letra de La Palabra, son aquellos a quienes yo llamo "ministros proféticos".

Todos los ministros del Nuevo Testamento necesitan llegar a ser ministros en el Espíritu Santo para probar que ellos, verdaderamente, manifiestan el tipo de ministerio que Dios desea para ellos. A la luz de esta aplicación de las palabras de Pablo, todos los ministros cristianos deberían ser ministros proféticos, y todos los santos deberían manifestar ministerio profético.

Esta es la razón por la cual Pablo mandó a los cristianos de Corinto a buscar los dones espirituales (1 Corintios 14:1) y a profetizar (v. 39) porque *"todos pueden profetizar* (manifestar ministerio profético) *por turno"* (v. 31). Obedezcamos la amonestación de Pablo para probar totalmente nuestro ministerio predicando adecuadamente, tanto **La Palabra como el Espíritu** de Dios.

MENSAJE. La Biblia dice que debemos *"vivir la verdad con amor"* (Efesios 4:15). Pablo nos dice aquí que el mensaje de un ministro maduro debe, primero que todo, dar vida a la verdad presente. Debe presentar La Palabra de Dios de un modo totalmente bíblico, doctrinalmente sano y bien balanceado a la luz del testimonio completo de La Biblia.

Segundo, dice Pablo, el mensaje debe ser hablado en amor. No solo el contenido, sino **el espíritu** del mensaje deben ser correctos. Porque es posible ser doctrinalmente correcto, pero espiritualmente equivocado.

Nuestra predicación, enseñanza y profecía puede ser bíblica, sana doctrinalmente y bien balanceada, pero aun así, ser entregada con un tono, una motivación y un espíritu fuera de orden, porque no está de acuerdo al amor divino. Los fariseos tenían parte de la doctrina correcta, pero su espíritu, su actitud y su relación con Dios estaban totalmente equivocados. Estaban llenos de orgullo, estrechez de mentey autojustificación.

Por supuesto, lo contrario también es verdad. Podemos tener el espíritu correcto, la actitud y la motivación –podemos ser muy amorosos y humildes–, pero tener la doctrina equivocada. Así que, no podemos juzgar la corrección doctrinal de un ministerio sobre la base de cuánto nos gusta él o ella personalmente. Debemos juzgar la teología sana solamente basada en La Biblia.

Al mismo tiempo, la ortodoxia bíblica y el **poder** sobrenatural no siempre van juntos. He conocido muchos maestros y otros ministros que son doctrinalmente correctos, pero manifiestan poca unción divina o poder. Por otro lado, no podemos juzgar el mensaje de una persona como sano doctrinalmente, simplemente porque él o ella es capaz de realizar señales y prodigios. Este recordatorio vendrá a ser cada vez más importante en estos últimos días, a medida que el diablo manifieste su poder sobrenatural más y más a través de la falsificación de la obra de Dios.

También otra verdad que debemos mantener en mente en el área del mensaje es que Dios bendice su Palabra y la confirma. Cuando los discípulos salieron a realizar la Gran Comisión después que Jesús ascendió al cielo, Las Escrituras nos dicen que *"los discípulos salieron y predicaron por todas partes, y el Señor los ayudaba en la obra y confirmaba su palabra con las señales que la acompañaban"* (Marcos 16:20).

La Biblia no dice aquí "Dios confirmó sus grandes declaraciones de fe por miedo a que ellos parecieran necios, por miedo a que ellos se turbaran, y su carnal ego se desinflara". No. Dios no nos confirma a nosotros; Él **confirma su Palabra**. No debemos decir: "Yo cité La Escritura y adopté una posición, ahora Dios, tu reputación está en juego, tienes que respaldarme". Si lo hacemos así, el Señor responderá: "¿Qué dices? Yo no tengo que cuidar mi reputación, ella no está en juego; no está basada en nada que alguien haga. Yo soy Dios; Yo Soy Eterno; nadie me herirá".

La Biblia dice que Jesús, quien es Dios, no se preocupó acerca de su reputación; de hecho, él *"se rebajó voluntariamente"* (Filipenses 2:7).[1]

---

1. Nota del Traductor: el original en inglés utiliza la frase *"se quitó a sí mismo la reputación"*, traducido así en la Nueva Versión Internacional. Aunque el sentido de la acción de Jesús, su contexto y la traducción del griego original permitan este sentido en el versículo 7, ninguna traducción en español, de las más difundidas en la actualidad, lo utiliza.

No trató de ser popular o famoso; nunca dijo: "¿Podrías asegurarte de que este milagro aparezca en los periódicos?". Él solamente quería hacer la voluntad del Padre, y el mensaje que salió de su boca era La Palabra de Dios.

Dios confirma su Palabra; no nuestra carne, nuestros deseos o nuestra presunción. Él no está preocupado por preservar nuestro orgullo carnal. Él se preocupa de que demos un buen reporte, que describamos el evangelio correctamente, que hagamos su voluntad. Él no está preocupado con nuestra popularidad. Una vez que creemos esta verdad, podemos liberarnos de una gran presión.

¿Alguna vez se ha preguntado por qué algunos ministros que predican La Palabra de Dios, pero viven vidas de pecado, tienen no obstante buenos resultados? Todos nosotros hemos leído o escuchado acerca de predicadores o evangelistas, quienes fueron expuestos como adúlteros o alcohólicos, y aunque ellos pecaban habitualmente, la gente era salvada, sanada y liberada a través de su predicación de La Palabra de Dios.

¿Por qué, nos preguntamos, parece que Dios da aprobación de este modo a su conducta? ¿Por qué Dios confirma las vidas de gente así? La respuesta por supuesto, es que Dios no los confirma a ellos; Él confirma su Palabra, que es predicada por ellos. Un ateo puede pararse en un estadio lleno y leer Juan 3:16, y algunas personas posiblemente, darán sus corazones al Señor como resultado de eso. Esto es así porque La Palabra de Dios tiene poder en sí misma, y Dios confirma su Palabra. El evangelio mismo, y no el que lo predica, es el *poder de Dios para la salvación de todos*" (Romanos 1:16).

No debemos sorprendernos, entonces, que en el día del juicio el Señor sea capaz de decir que Él nunca conoció a algunos que, en su nombre, profetizaron, echaron fuera demonios y realizaron milagros (Mateo 7:23). Él dirá: "Si tú proclamaste mi nombre, tú usaste mis dones, y yo confirmé mi Palabra. Pero tu vida no estaba en línea con mi carácter; no puedo tomarte".

Todos los ministros y miembros de la Iglesia necesitan estudiar continuamente La Palabra para mostrarse a sí mismos aprobados por Dios (2 Timoteo 2:15). Nuestros mensajes no solo deben ser bíblicamente balanceado en los fundamentos de la fe cristiana, sino también *"afianzados en la verdad"* (2 Pedro 1:12). Para que nosotros ministremos y maduremos en nuestra M de mensaje, debemos retener lo básico, mientras incorporamos también todas las verdades bíblicas.

MADUREZ. La Biblia sabiamente nos advierte de no colocar a cristianos nuevos en posiciones de liderazgo, sino esperar hasta que ellos tengan la oportunidad de ser probados y maduros (1 Timoteo 3:6). Con todo y eso, la madurez no viene automáticamente solo con el tiempo.

Los rasgos de la madurez en la vida del cristiano son mencionados por Pablo cuando recita a los gálatas los frutos del Espíritu (Gálatas 5:22-23). Adicionalmente, nosotros podemos añadir a esta lista el fruto de la sabiduría piadosa, la cual Santiago dice que es pura, pacífica, considerada, sumisa, llena de misericordia y buenos frutos, imparcial y sincera (Santiago 3:17). Pero tristemente, demasiados ministros han fallado en permitir que los tratos de Dios o las experiencias duras cultiven en ellos madurez divina.

La persona verdaderamente madura manifiesta las características del amor **ágape** que Pablo describe a los corintios: paciente, amable, sin envidia, sin jactancia, sin orgullo, no descortés, sin buscar lo suyo, sin enojarse fácilmente, sin guardar registro de ofensas, siempre protegiendo, confiando, esperando, perseverando, nunca fallando (1 Corintios 13:4-8). (Para saber más acerca del correcto espíritu de los verdaderos profetas de Dios, vea el capítulo 9 del segundo tomo de esta serie).

¿Ha tratado de tocar a una persona con quemaduras graves? Sus heridas hacen imposible que ellos puedan ser tocados sin sentir dolor. Son como un bulto de nervios en carne viva, sensibles al más ligero toque. He conocido algunos ministros que son como estas personas en el área de su personalidad y sus emociones. Tiene que tener cuidado cuando está cerca de ellos, porque la más ligera palabra negativa o una mirada los hace sentir heridos. Tienen la tendencia a ser inalcanzables, intocables, defensivos, delicados.

Esta clase de gente necesita desarrollar suficiente "piel" emocional para recuperarse de sus heridas y ser cubiertos adecuadamente. Debido a que, en esencia, su problema es de inmadurez, este solamente puede ser resuelto a través del crecimiento emocional y espiritual.

Dios está buscando siervos fieles. La fidelidad es también una cualidad importante de la madurez. Cuando el amo en la parábola de Jesús alabó a su siervo, ¿dijo: "Bien hecho, gran profetizador espiritual, hacedor de milagros, profeta, apóstol"? No. Él dijo: *"Hiciste bien, siervo bueno y fiel"* (Mateo 25:21). En el día del juicio, no seremos juzgados por la cantidad de libros que escribimos, por la cantidad de personas que conocía nuestro nombre, por la cantidad de países viajados, por la cantidad de personas ministradas, o si nos convertimos en pastor u obispo. Dios preguntará: "¿Fuiste bueno y fiel?".

¿Alguna vez escuchó acerca del famoso ministro que se paró delante del Señor, y Él preguntó: "¿Qué lograste para mi?". "Bien, Señor –dijo el ministro–, ¿qué piensas acerca de aquellos diez libros que escribí?". "No sé –respondió el Señor–, nunca los leí"?

A Dios no le impresionan todos nuestros logros como nosotros tenemos la tendencia a hacer. Lo que le impresiona es nuestra bondad y fidelidad. *"Cuando yo era niño, hablaba como niño, pensaba como niño, razonaba como niño; cuando llegué a ser adulto, dejé atrás las cosas de niño"* (1 Corintios 13:11). ¿Podemos decir lo mismo? ¿Hemos aprendido a dejar nuestro egoísmo, posesividad y deseo de atención que solamente puede ser calificado como infantilismo, impropio para un hijo o hija de Dios maduro?

Madurez teológica. Mientras tanto la madurez social y emocional es solamente parte del asunto. ¿Hemos madurado también en nuestra teología y en nuestro entendimiento de La Escritura? ¿O es todavía nuestra doctrina simplista, superficial, de autoservicio o estrecha de mente?

¿Somos todavía *"niños zarandeados por las olas y llevados de aquí para allá por todo viento de enseñanza y por la astucia y los artificios de quienes emplean artimañas engañosas"* (Efesios 4:14)? Hebreos dice que nosotros debemos dejar ya de alimentar con la "leche" de enseñanzas elementales, y dar de comer la enseñanza de la justicia que es "comida sólida" para los maduros, *"para los que tienen la capacidad de distinguir entre lo bueno y lo malo, pues han ejercitado su facultad de percepción espiritual"* (Hebreos 5:12-14).

La clave es amar a Jesús. ¿Qué es una persona madura? La persona madura es aquella que ha superado sus debilidades de carácter. Ellos han sido liberados de la mala semilla de sus actitudes y no están más sujetos a los "síndromes de profetas". Nunca alcanzaremos nuestro pleno potencial a menos que le permitamos a Dios llevar nuestra hombría o feminidad hasta la madurez. En muchos lugares, La Biblia nos recuerda la necesidad de crecer hasta que lleguemos a la madurez total. Y aclara que la clave para la madurez es amar a Jesucristo con todo nuestro ser y permitirle a Él ser el Señor de cada área de nuestra vida.

MATRIMONIO. Otro aspecto crítico que merece nuestra atención como ministros es nuestro matrimonio y nuestra vida familiar. La Palabra de Dios es clara: nuestro matrimonio debe reflejar el tipo de relación amorosa que encontramos entre Cristo y la Iglesia (Efesios 5:22-23). Las esposas deben respetar y someterse a sus maridos al igual que los maridos deben respetar y vivir consideradamente con sus esposas (1 Pedro 3:1-7). También ellos deben amar a sus esposas con el tipo de amor de Cristo —no enseñoreándose sobre ellas, sino tratándolas como coherederas de la gracia de Dios—. De otro modo, nuestras oraciones —y nuestro ministerio en general— serán obstaculizados (1 Pedro 3:7).

Nuestras esposas deben ser nuestras mejores amigas. Si encontramos que alguien está acercándose a nosotros más que nuestra propia esposa, entonces estamos en peligro de cometer un "adulterio emocional" que puede llevarnos a cosas peores.

Nuestra casa debe estar en el orden bíblico. Nuestros niños deben ser bien disciplinados y bien cuidados (1 Timoteo 3:2-5). Pero, al mismo tiempo, no debemos preocuparnos por la conducta de nuestros hijos al extremo de demandarles que provean todo el tiempo modelos perfectos "por causa del ministerio". Esta clase de expectativa no realista puede llevar a que ellos se resientan y se rebelen contra la iglesia local, especialmente si se les requiere que hagan sacrificios continuos "por causa del ministerio". Esto es parte de lo que Pablo quiso decir cuando dijo: "*Y ustedes, padres, no hagan enojar a sus hijos*" (Efesios 6:4).

El ministerio no debe competir con la familia. Mientras tanto, nosotros no debemos permitir que el ministerio nos niegue el tiempo y la energía adecuados para construir una saludable relación con nuestros hijos –algo que sucede demasiado a menudo con los ministros–. Si esto es así, entonces probablemente aprenderemos la verdad de una fórmula común para un desastre familiar: reglas sin relación llevan a la rebelión.

Esto nos conduce al asunto de las prioridades. El orden adecuado en nuestra vida es primero Dios, segundo esposa e hijos, y tercero el ministerio. Para mantener este orden intacto, muchas veces debemos simplemente marcar la línea y decidir que, en una ocasión particular, cuando el ministerio hacia otros amenaza inmiscuirse en nuestro ministerio hacia nuestra familia, debemos escoger en favor de esta última.

Esto es verdad, incluso en asuntos aparentemente pequeños. Por ejemplo, hablar por teléfono. Cuando estamos en la mitad de la cena, o en una conversación seria con nuestra esposa o en algún otro tiempo de familia importante, si el teléfono suena, ¿saltamos inmediatamente a contestarlo? Si lo hacemos, podemos estar diciéndole a nuestra familia que el teléfono –y la persona a quien ministramos al otro lado de la línea– son más importantes para nosotros que ellos.

Habrá tiempos cuando debamos dejar que el teléfono suene. De otra manera, podríamos terminar gastando más tiempo apadrinando a otros que siendo verdaderos esposos y padres.

Una vez aconsejé a un hombre cuyo matrimonio estaba en dificultades y quien vino para decirme que su esposa estaba obstaculizando su ministerio. El deseaba el divorcio. En su opinión, su esposa no compartía su celo y su carga por la obra. Él se lamentaba grande y ruidosamente de las enormes necesidades de la Iglesia, la cual él declaraba ser la amada Esposa de Cristo. Enfatizaba la bendición que él podría ser para la Iglesia si tan siquiera no tuviera el problema de que su esposa tenía resistencia a ello, lo cual lo llevaba a pecar contra Dios al no cumplir cabalmente su ministerio de predicación. Incluso sintió que el Espíritu Santo le había dado la escritura que justificaba sus planes para divorciarse de su esposa: *"... despojémonos del lastre que nos estorba, en especial del pecado que nos asedia"* (Hebreos 12:1).

Ante esta situación, le dije claramente que creía que ese divorcio era contrario a la voluntad de Dios, y que su matrimonio debería tener prioridad sobre su ministerio. Lo urgí a que fuera a casa y amara a su esposa de la manera que Cristo amó a su Iglesia. Pero él no pareció convencerse de lo que dije y aparentemente se desalentó porque yo no estaba de acuerdo con su razonamiento.

Después de un tiempo, lo vi de nuevo, y me dijo que estaba trabajando en la relación con su esposa. Cuando le pregunté qué había cambiado su mentalidad, me dijo que un día en oración le había estado gritando al Señor: "Dios, tu Esposa está tan mal; ¡ella necesita ayuda! Debo liberarme de mi esposa para poder cuidar de la tuya". Entonces Dios lo sorprendió con su respuesta, Él dijo: "¿Realmente crees que voy a confiarte mi Esposa, cuando no puedes aún tener cuidado de tu propia esposa?".

Así como el apóstol Pablo planteó la pregunta a Timoteo (1 Timoteo 3:5), ¿si no podemos cuidar nuestra propia casa, cómo podremos cuidar la casa de Dios?

MÉTODOS. La hipocresía es una de las grandes cosas que socavan el ministerio. El problema de los ministros cuya práctica no coincide con su predicación se remonta a los tiempos bíblicos, como lo atestiguan las palabras de Pablo a Tito: *"Profesan conocer a Dios, pero* *con sus acciones lo niegan"* (Tito 1:16). Podemos ahora parafrasear este pasaje y decir: "Profesan ser carismáticos, de la verdad presente, gente profética. Confiesan que son cristianos e hijos de Dios. Proclaman ser ministros de Dios. Pero lo niegan por sus métodos no cristianos e impíos".

En nuestros métodos ministeriales, debemos ser lo que yo llamo "rígidamente correctos", no podemos tener misericordia de las obras de la carne, debemos tratarlas como culebras cascabel, evitarlas y eliminarlas a toda costa. En el ministerio, como en cualquier otro empeño, el fin no justifica los medios. No podemos concluir, por ejemplo, que a modo de impresionar a la gente más profundamente con el poder y la gracia de Dios, podemos justificar la exageración de nuestro testimonio personal o de algún milagro que hemos observado. Mantener métodos adecuados impide lo que yo llamo bromeando: "hablar evange - elástica - mente", o sea estirando la verdad. Debemos caminar en absoluta integridad.

Anteriormente, he leído relatos periodísticos de evangelistas que han sido citados diciendo que miles asistieron a la reunión y que cientos pasaron al altar. Sin embargo, yo había asistido a esas reuniones y sabía que el número era considerablemente más bajo. Cuando le pregunté a uno de ellos por qué no había dicho la verdad, él explicó: "Si doy números grandes, más personas se entusiasmarán y asistirán la noche siguiente, y más serán salvos. Así que mi pequeña mentira resulta en que más personas van al cielo".

Dudo que "más almas" era su única motivación para tal engaño; el evangelista probablemente quería lucir más exitoso. Pero aun si el evangelismo era su única motivación, el método era, sin embargo, equivocado. El fin no justifica los medios, y una mentira no puede servir a la verdad.

Honestidad en las finanzas. Debemos practicar también absoluta honestidad en nuestras finanzas y ser éticos en todos nuestros tratos ministeriales con otros, especialmente al levantar fondos. Algunos ministerios, por ejemplo, fabrican "crisis" o utilizan la manipulación de la culpa para sacar dinero de donaciones a los cristianos; pero nosotros debemos estar por encima de este tipo de tácticas que son cuestionables.

Leo cada libro que puedo encontrar sobre prosperidad financiera y debo decir que el movimiento de fe ha dado luz a algunas verdades importantes concernientes a los métodos bíblicos en esta área. El libro de Oral Roberts sobre la semilla de fe fue de particular ayuda a mi esposa para ganar el concepto bíblico de que debemos sembrar dinero para cosechar dinero. La ley espiritual de la siembra y la cosecha ciertamente ha trabajado en nuestra vida: comenzamos a aplicarlo hace mucho tiempo, y al final de 1970, estuvimos completamente libres de dudas. Desde entonces, nos hemos mantenido sin deudas y hemos prosperado a medida que hemos dado abundantemente.

Por desgracia, sin embargo, algunos ministros han utilizado esta verdad para hacer grandes ofrendas utilizando la frase bíblica *"probadme ahora en esto"* para ellos mismos. La verdad que enseñaban era correcta, pero los motivos y métodos eran equivocados. A la luz de esa práctica, me preocupan los ministros inescrupulosos que se promueven utilizando la verdad de la "recompensa de profeta" y las "ofrendas proféticas" para manipular egoístamente a la gente. Quiero anticipar que algunos ministros proféticos, con la motivación equivocada, prometerán a los cristianos, en respuesta a dar grandes ofrendas para sus ministerios, una "recompensa de profeta".

La promesa de un suministro financiero continuo, más los milagros que el dinero no puede comprar, son solamente partes de la recompensa de profeta. La Biblia claramente habla de una persona que fue recompensada especialmente por bendecir a un profeta en el nombre de un profeta. Pero cuando Jesús hizo esta declaración, nunca fue su intención que fuera utilizada como una herramienta para que los ministros manipularan a la gente para sus propios propósitos egoístas (Mateo 10:41).

Mantener nuestra palabra, pagar nuestras cuentas, mantener registros adecuados y tratar a los miembros de nuestro equipo con elemental amabilidad, todo esto está incluido en los requerimientos de tener métodos adecuados. Pablo habla en Romanos de aquellos que *"con su maldad obstruyen la verdad"* (1:18). Tales personas tienen la verdad de Dios, pero no son correctos en sus métodos. De acuerdo con Pablo, *"la ira de Dios viene revelándose"* contra ellos. Si queremos ser usados por el Señor en este movimiento profético, Él no nos permitirá caminar con nada menos que una "rígida justicia".

Por cuarenta años, los israelitas vagaron en el desierto sin ser circuncidados. Pero cuando ellos cruzaron el río Jordán para tomar Canaán, Dios les pidió que dejaran la carne y se consagraran a través de la circuncisión (Josué 5:1-8). Creo que el Movimiento Carismático ha sido como un caminar en el desierto. Los cristianos salieron de la atadura egipcia de la religión muerta. Sin embargo, en muchas maneras, solo han vagado en el desierto, todavía llevando la carne de impiedad y no entrando en la tierra prometida. Creo que Dios les dio su gracia durante ese tiempo y no les pidió cuentas a muchos ministros, quienes no fueron escrupulosos en sus métodos.

Por otro lado, también estoy convencido de que el Movimiento Profético nos está llevando a través del Jordán para conquistar nuestro Canaán. Así que, creo que Dios no nos va a mantener incircuncisos. Él va a requerir de nosotros que cortemos la carne de nuestros métodos impíos y nos consagremos a Él en santidad. Y nos pedirá cuentas si no lo hacemos.

MODALES. Cuando Pablo le escribió a Tito, él incluyó en su carta una lista de cualidades para ser obispo, así como recordatorios acerca de cómo las personas tenían que comportarse. Estas instrucciones nos ayudan a ver el tipo de modales que debe caracterizar a los ministros de Dios:

> El obispo tiene a su cargo la obra de Dios, y por lo tanto debe ser intachable; no arrogante, ni iracundo, ni borracho, ni violento, ni codicioso de ganancias mal habidas. Al contrario, debe ser hospitalario, amigo del bien, sensato, justo, santo y disciplinado (…) Recuérdales a todos que deben mostrarse obedientes y

sumisos ante los gobernantes y las autoridades. Siempre deben estar dispuestos a hacer lo bueno: a no hablar mal de nadie, sino a buscar la paz y ser respetuosos, demostrando plena humildad en su trato con todo el mundo. (Tito 1:7-8; 3:1-2)

Todos los cristianos, pero especialmente los ministros cristianos, deben ser diferentes del mundo en sus modales. El amor debe ser la regla en sus relaciones con los otros. Y amor no es solo un sentimiento. El amor es un principio que practicamos, un estilo de vida. El amor es bondadoso, cortés, amable y discreto; autocontrolado, pacífico, considerado y sin enojo. En resumen, el amor es bien educado; y los modales de un ministro cristiano deben mostrar que él o ella son un caballero o una dama.

Un ejemplo inapropiado. Una vez enviamos un equipo de varios profetas al extranjero para bendecir una conferencia de ministros. Todos los profetas dieron palabras proféticas precisas; su predicación fue muy buena, y muchos milagros acompañaron sus ministerios. Pero el coordinador nacional pidió que uno de los ministros visitantes en particular no regresara a esa nación.

Su queja no fue por su ministerio, sino por sus modales. Él había sido rudo, exigente, egoísta e irrespetuoso con la mayoría de aquellos con quienes tuvo contacto, desde las camareras en los restaurantes, hasta el coordinador anfitrión. Este último dijo que tuvo que andar todo el tiempo detrás de él excusándolo.

Aun una aparentemente pequeña M como modales puede cerrar puertas a las personas y sus ministerios. Un profeta no tiene excusa para ser rudo, tosco, mal educado y odioso. Por el contrario, los verdaderos profetas de Dios deben mostrar modales adecuados y cristocéntricos en sus tratos y relaciones con otros.

Ser caballero no es ser "afeminado". En la cultura rural de Oklahoma en la que fui criado, los modales de un caballero no eran valorados. A los caballeros se les consideraba "afeminados". Yo fui enseñado de niño a ser rudo, tosco y malo. Así que, le tomó años a Dios trabajar en mí para enseñarme que su estándar para los ministros cristianos no era una dureza machista, sino más bien una bondad noble. Me pregunto cuántos muchos otros hombres deben tener el mismo tipo de educación que yo tuve y que tienen que superarla.

Un requisito para los ministros, especialmente importante aquí, es que ellos no "**difamen** a nadie". Otra traducción dice que nosotros no debemos "hablar mal de nadie". Esto significa que debemos guardar nuestras lenguas cuando hablamos acerca de nuestros parientes, nuestros vecinos, nuestro jefe, nuestros empleados y aun de nuestros enemigos. Nuestra conversación, como Pablo dijo a los colosenses, debe ser *"siempre amena y de buen gusto"* (Colosenses 4:6).

Sin lenguaje vulgar. Otro tipo de conversación que debemos evitar es el lenguaje vulgar. Pablo dijo a los efesios: *"Eviten toda conversación obscena. Por el contrario, que sus palabras contribuyan a la necesaria edificación y sean bendición para quienes escuchan"* (Efesios 4:29). El lenguaje profano, vulgar, blasfemo y otros lenguajes impuros simplemente no tienen lugar en el vocabulario de un ministro del evangelio de Jesucristo.

Jesús dijo: *"De la abundancia del corazón habla la boca"* (Mateo 12:34). Si tendemos bajo presión a usar lenguaje necio, entonces debemos sacarnos la necedad del corazón. Debemos pedir a Dios que nos libere y guarde nuestros labios. De algún modo, los malos modales desacreditarán nuestro ministerio. ¿Llegamos a tiempo a nuestras citas o mantenemos a la gente esperando? ¿Escribimos notas de agradecimiento por regalos y otras atenciones, u olvidamos mostrar gratitud? ¿Esperamos nuestro turno en la conversación o interrumpimos a otros cuando hablan? ¿Tratamos a los comerciantes en las tiendas con respeto, o somos impacientes y exigentes? Aun en pequeñas cosas, cuando tratamos con otros, debemos recordar que no tenemos excusa para usar la grosería.

"El amor es paciente, es bondadoso. El amor no es envidioso ni jactancioso ni orgulloso. No se comporta con rudeza, no es egoísta, no se enoja

fácilmente, no guarda rencor" (1 Corintios 13:4-5). Los ministros de Dios están llamados a ser verdaderas damas y verdaderos caballeros.

MANEJO DE DINERO. El dinero, en sí mismo, no es bueno ni malo. Es un objeto inanimado sin vicio ni virtud. El dinero es, simplemente, el medio de intercambio para las cosas terrestres, así como la fe es el medio de intercambio para las cosas celestiales. El dinero es meramente la moneda terrenal para poder comprar servicios humanos y cosas materiales.

La Biblia enseña que el amor al dinero es la raíz de todos los males (1 Timoteo 6:10). Pero no enseña que es incorrecto tener riquezas. Algunas de las personas más ricas sobre la faz de la tierra, en sus días, fueron parte del pueblo escogido de Dios, tal como Abraham, David, Salomón y Job.

Es la voluntad de Dios que su pueblo prospere y que tenga buena salud, así como prospera su alma (3 Juan 2). Dios ama el dar abundantemente a sus hijos, pero ellos no deben tener amor por la abundancia de cosas terrenales. Él prometió que si buscamos primero su reino y su justicia, entonces todas las cosas nos serán añadidas (Mateo 6:33).

El cristiano puede tener dinero, pero el dinero no puede tener al cristiano. Es un asunto de actitud del corazón, motivación y prioridades ordenadas bíblicamente. El amor por el poder terreno que la riqueza puede dar ha sido para muchos el instrumento para permitirse *"los malos deseos del cuerpo, la codicia de los ojos y la arrogancia de la vida"* (1 Juan 2:16). El dinero no es pecaminoso, pero puede ciertamente ofrecer la oportunidad para que los deseos pecaminosos sean satisfechos, así como puede proveer los medios para que el justo pueda hacer grandes cosas para el reino de Dios.

El amor al dinero. La Biblia confirma lo que nosotros deberíamos concluir basándonos en algunos titulares de los periódicos de los años recientes: el amor por el dinero pone a los ministros en grandes problemas. Pablo le escribió a Timoteo:

Los que quieren enriquecerse caen en la tentación y se vuelven esclavos de sus muchos deseos. Estos afanes insensatos y dañinos hunden a la gente en la ruina y en la destrucción. Porque el amor al dinero es la raíz de toda clase de males. Por codiciarlo, algunos se han desviado de la fe y se han causado muchísimos sinsabores. (1 Timoteo 6:9-10)

Tristemente, en tiempos recientes hemos escuchado la extrema enseñanza que dice que entre más rico usted es, entre más cosas materiales usted tenga, es más grande la prueba de que usted es espiritual y que tiene gran fe. Por el contrario, sin embargo, si las ganancias materiales muestran que una persona es santa, entonces todos los ricos del mundo deberían serlo —y sabemos que esto no es verdad.

Creo que si confiamos en Dios y le obedecemos, Él suplirá todas nuestras necesidades y nos prosperará. Pero nosotros, simplemente, nunca podremos asumir que porque tenemos autos, y botes, y casas y tierras, esas cosas son una señal de que Dios aprueba nuestra vida. Pablo nos asegura que aquellos que "suponen que la ganancia es santa" están equivocados. Por otro lado, *"con la verdadera religión se obtienen grandes ganancias, pero sólo si uno está satisfecho con lo que tiene"* (1 Timoteo 6:6).

Consecuentemente, debemos darnos cuenta de que si oramos por riquezas, estamos orando para que vengan tentaciones, trampas y aflicciones. Entre más alto subimos la montaña del éxito financiero, menos crece la vegetación, más fuerte sopla el viento, y más aislado se está. He visto muy pocos ministros que llegan a ser ricos y aún son capaces de mantener su integridad en las otras M.

Por esa razón, debemos seguir el consejo de Pablo de huir *"de todo esto"*, y seguir *"la justicia, la piedad, la fe, el amor, la constancia y la humildad"* (v. 11). A eso podemos añadir las palabras del mismo Jesús: *"Absténganse de toda avaricia; la vida de una persona no depende de la abundancia de sus bienes"* (Lucas 12:15).

Guías prácticas. Los ministros proféticos harían bien en seguir algunas guías prácticas en cuanto al uso del dinero. Particularmente, debemos hacer notar que, de todas las 10 M, el manejo del dinero es el área más sensible de la relación entre los ministros itinerantes y los pastores locales. El dar y recibir ofrendas y honorarios puede conducir a asuntos muy delicados. He pastoreado localmente y también he viajado en el ministerio, así que puedo decirle, por experiencia de primera mano, que tanto los pastores como los ministros viajeros son abusados a veces, y sus fondos mal utilizados.

En CI hemos hecho una política: siempre hacer lo mejor que podemos financieramente en favor de un predicador invitado; pero no podemos hablar por todos. Los ministros locales varían ampliamente en sus actitudes hacia los honorarios. Algunos son muy generosos, otros, muy deshonestos, y la mayoría da en un nivel promedio.

Guías para el ministro local. Ofreceré unas cuantas reglas simples para el ministro local, usualmente un pastor, quien invita a un predicador a hablar en una reunión o en una conferencia de la iglesia. Primeramente, usted debe tener establecida una cantidad de dinero mínima que va a darle a cualquiera que llegue a ministrar. En el presente, en los Estados Unidos, yo recomendaría que este mínimo sea entre doscientos y quinientos dólares.

En veinte y cinco años de ministerio itinerante intensivo, he recibido cualquier cantidad entre cien a cinco mil dólares por un solo servicio, y desde mil hasta diez mil por una semana de reuniones en una iglesia. Estos fueron honorarios especiales que me fueron dados como ministro invitado.

La práctica estándar es que el ministro local pague por todos los gastos de viaje de ida y vuelta. Si los ministros invitados tienen un largo itinerario, la política general es pagar por los gastos de viaje para llevarlos desde donde ministraron la última vez hasta el siguiente lugar.

En mi experiencia, la mayoría de iglesias denominacionales no piden una ofrenda especial para darla exclusivamente al ministro invitado, sobre todo aquellas con muchos miembros (más de quinientas personas). En lugar de eso, ellos establecen una cantidad fija de dinero tanto para reuniones dominicales como para servicios de media semana. Por otro lado, las iglesias que no pertenecen a una denominación tienen la tendencia a pedir una ofrenda especial para que esta sea dada al ministro.

Factores que afectan los honorarios. Varios factores determinaran que el honorario sea establecido con el mínimo, el promedio o que sea abundante: ¿permitieron tanto el ministro local como el ministro itinerante que Dios se involucrara en los honorarios? ¿Fue el pastor quien hizo la invitación al ministro, o fue el ministro quien pidió la oportunidad de hablar a la congregación? ¿Es maduro el ministro invitado, tiene varios años de ministerio probado, o es él o ella todavía joven y está en el proceso de maduración?

Tal vez lo más importante sería esto: ¿fue la ministración a la iglesia solo un promedio?, ¿o entregó el ministro o la ministra horas extras de ministerio profetizando a personas individuales, orando por los enfermos, o siendo un instrumento utilizado para que las almas se salvaran, llevando nuevas familias a la iglesia o levantando fondos para ella? El ministro que solamente enseña durante una hora, deja de orar por alguien y, simplemente, se va a comer y a tener comunión debe recibir diferente consideración que aquel que predica durante una hora, y luego va a profetizar y ministrar a numerosas personas los dones del Espíritu Santo, ya sea imponiendo manos individualmente u orando por grupos grandes al mismo tiempo.

Evitando el desaliento. Puede ser desalentador para los ministros dedicados y ungidos, quienes se dan sin egoísmo a los santos durante horas de pesado ministerio, cuando el pastor les da una ofrenda mínima. En tal situación, se necesita mucha gracia para mantener una actitud positiva, así como el gozo del Señor.

Déjenme transmitir una verdad vital y una actitud que nos han evitado a mi esposa y a mí sentirnos desalentados, resentidos o amargados cuando las ofrendas no son en proporción a la ministración dada o no son lo suficiente para satisfacer nuestras necesidades mínimas. Los ministros itinerantes deben mantener esta actitud: "Yo trabajo directamente para Dios, y es Él quien escribe mi cheque". Debemos recordar siempre que el Señor es nuestra fuente, no el pastor local, la iglesia o cualquier otra persona.

Sin duda, Dios no hace el dinero en el cielo y nos lo manda a la tierra. El dinero es hecho y distribuido en la tierra por personas. Pero Él es el único fiel en dirigir a las personas para darnos de acuerdo a su promesa.

Cuando mi esposa y yo tomamos esta actitud, encontramos que Dios siempre tendrá a alguien que esté dispuesto a responder a su dirección y dar más del promedio. Su ofrenda es entonces suficiente para compensar por aquellos que no tienen el corazón y la visión para dar suficiente, para enfrentar nuestro ministerio y llenar nuestras necesidades.

Algunos ejemplos personales. Quiero dar unos ejemplos. En nuestros primeros días de ministerio, ministré todas las noches durante dos semanas en una iglesia en particular. Mi esposa estaba en su noveno mes de embarazo de nuestro hijo Tom.

Cada noche prediqué y ministré proféticamente de diez a veinte personas. Aunque estuve allí por catorce días, el pastor nunca recogió una ofrenda para mí, sino hasta la última noche. Había alrededor de ciento veinticinco personas asistiendo regularmente, y muchas personas nuevas llegaban cada noche.

El pastor me dio la ofrenda en el preciso momento en que salía a llevar a mi esposa a tener nuestro bebé. Cuando abrí el sobre, encontré solamente ochenta y cinco dólares en él. Mi corazón decayó.

El pastor hubiera podido recibir fácilmente cinco veces esa cantidad si se les hubiera dado la oportunidad a las personas de ofrendar más a menudo durante las dos semanas de ministerio. Pero así sucedió, los ochenta y cinco dólares eran todo lo que teníamos a nuestro nombre. La verdad es que necesitaba varios cientos de dólares para llevar a mi esposa al hospital a tener el niño.

Después de refunfuñar y de quejarnos por un rato, recordamos que Dios era nuestro patrón, y que Él escribiría el cheque. Cuando las personas fallan, Dios permanece fiel. Cuando llegamos a Yakima Valley en Washington, donde nuestro bebé nacería, un ministro me invitó a predicar por tres noches. Me dio doscientos cuarenta y tres dólares. Otro me llevó a predicar el domingo en la mañana, pero me dio setenta y cinco dólares. En solo ese servicio, recibí casi tanto como me habían dado por dos semanas de predicación, oración y profecía en aquella otra iglesia.

Dios mantiene un registro de nuestra obra de amor. Cuando los pastores y los otros no nos hacen bien, Él hace que otros provean en sobreabundancia. A lo largo de estos años, la economía ha cambiado las cifras, se han incrementado alrededor de diez veces. Pero el principio de la fidelidad de Dios nunca ha cambiado.

No hace mucho tiempo, por ejemplo, tuvimos un problema cuando nos dimos cuenta de que un grupo que me había invitado a ministrar no creía en las mujeres ministros. Mi esposa casi siempre viaja conmigo en el ministerio como una copredicadora y ministra profética. Ella y yo funcionamos como "paquete", y por años nuestros invitados han pagado voluntariamente los gastos de viaje para los dos. Así que insistí en que ella tenía que venir conmigo también en este viaje. Pero nuestros invitados rehusaron pagar por el boleto de mi esposa, el cual costaba más de seiscientos dólares.

Pese a esto, nosotros pagamos el boleto. Luego después de cuatro días de ministerio en las reuniones, recibí únicamente mil dólares. Esto significó que nosotros solamente obtuvimos cuatrocientos dólares por cuatro días de predicación y profecía a cientos de personas. Fue la ofrenda más baja que recibí en esa década.

Sin embargo, Dios es fiel. Me llevó a predicar a una conferencia de cuatro días la siguiente semana, que no solo pagó por el boleto de avión de mi esposa y cubrió todos los gastos, sino que también nos dejó una ofrenda de cuatro mil quinientos dólares.

El ministro viajero debe darse cuenta de que Dios trabaja sobre la ley de los promedios. Él encontrará gente fiel que dará lo suficiente para satisfacer nuestras necesidades de acuerdo a sus riquezas en gloria (Filipenses 4:19).

Algunas prácticas no éticas. En nuestros años de ministerio, nos hemos encontrado con algunas prácticas no éticas por parte de algunos pastores locales. En varias ocasiones, un pastor utilizó nuestro nombre y nuestro ministerio para recoger ofrendas. Al menos varios cientos de dólares fueron dados por las personas (lo sabemos, porque nos dijeron después cuánto habían dado), pero al retirarnos, el pastor nos dio un sobre cerrado con menos de cien dólares en él. Esta práctica es obviamente deshonesta. Es equivocado para un pastor animar a la gente a que dé, diciendo que cada centavo de la ofrenda sería entregado al ministro invitado, si luego en realidad solamente le da una pequeña porción de ella.

El ministerio viajero es una de las pocas profesiones en las que se acepta prestar servicios sin tener idea de cuál será la remuneración financiera. Usted comprende ahora por qué algunos ministros, después de haber sido engañados unas cuantas veces de esta manera, quieren tener una garantía al frente o aun un contrato firmado antes de llegar a ministrar.

Itinerantes no éticos. De manera similar, los pastores pueden contar acerca de ministros visitantes que han demandado el derecho de tomar su propia ofrenda. Otros itinerantes han sido conocidos por haber suplicado y presionado con el fin de obtener fondos para sostener un orfanato en el exterior, y luego nunca mandar nada de la ofrenda a la institución tal como habían prometido. Aun otros han utilizado los principios bíblicos de dar al ministerio profético, a fin de manipular a la gente a que dé miles de dólares. De hecho, sé de iglesias que han quedado tan estrechas financieramente por haber sostenido reuniones con ministros itinerantes, que les tomó varios meses recuperarse.

Obviamente, las prácticas no éticas de las M de dinero no están limitadas a cualquier grupo. Ambos, ministerios locales y fuera de la iglesia local, han sido culpables de estos abusos.

Los ministros de toda clase harían bien en recordar que Dios considera nuestro manejo del dinero un asunto serio. Él declara en La Biblia que la manera que adquirimos y administramos el dinero será un factor determinante para que Dios libere las verdaderas riquezas del ministerio espiritual (Lucas 16:11). Si una persona utiliza el dinero egoístamente y sin ética, Dios dice que esa persona, entonces, no utilizará los dones espirituales y la unción adecuadamente.

MORAL. Debería ser entendido sin necesidad de decirlo, que la inmoralidad sexual no tiene lugar en la vida de un ministro cristiano, y que nuestro estándar debe ser la pureza sexual. Pero estimo que alrededor de una tercera parte de los ministros carismáticos y pentecostales en nuestra generación han caído en inmoralidad sexual. Yo mismo conozco a casi cincuenta de esos pastores. Si lo que hemos visto en la televisión es la punta del iceberg, ¿puede usted imaginarse lo que está sucediendo en secreto?

Hace años cuando estaba en el Colegio Bíblico, Stanley Frodsham, uno de los primeros maestros pentecostales, dijo que, en 1930, él estaba echando fuera demonios de un hombre, y uno de los demonios en particular clamó ser un príncipe que acababa de recibir una asignación del infierno. Él insistió en que le había sido dada autoridad para desatar una nueva horda de demonios de adulterio y engaño dentro de la Iglesia. A juzgar por lo que he visto en las últimas décadas, ese demonio estaba dando un relato exacto de su misión.

Honre a Dios con su cuerpo. La Biblia nos advierte contra la impureza sexual –toda actividad sexual fuera del lazo matrimonial– en términos no inciertos:

¿No saben que los malvados no heredarán el reino de Dios? ¡No se dejen engañar! Ni los fornicarios, ni los idólatras, ni los adúlteros, ni los sodomitas, ni los pervertidos sexuales (...) heredarán el reino de Dios (...) Huyan de la inmoralidad sexual. Todos los demás pecados que una persona comete quedan fuera de su cuerpo; pero el que comete inmoralidades sexuales peca contra su propio cuerpo. ¿Acaso no saben que su cuerpo es templo del Espíritu Santo, quien está en ustedes y al que han recibido de parte de Dios? Ustedes no son sus propios dueños; fueron comprados por un precio. Por tanto, honren con su cuerpo a Dios. (1 Corintios 6:9-10,18-20)

Por supuesto, la inmoralidad sexual también incluye las fantasías sexuales ilícitas, la pornografía, y las películas o programas de televisión que despiertan la sexualidad. Estas cosas nos llevan a la tentación y bajan nuestra resistencia a ella. Aunque a veces somos tentados y atormentados por el prospecto de pecar, Dios quiere que vayamos en otra dirección. Así que, debemos unirnos a las palabras de la oración del Señor: *"No nos dejes caer en tentación"* (Mateo 6:13).

Las actitudes del corazón. De hecho, de acuerdo a las palabras de Jesús, la impureza sexual comienza antes de cometer el acto de inmoralidad. Crece en las actitudes escondidas del corazón: *"Ustedes han oído que se dijo: No cometas adulterio. Pero yo les digo que cualquiera que mira a una mujer y la codicia ya ha cometido adulterio con ella en el corazón"* (Mateo 5:27-28).

Podemos albergar un fuerte deseo de actuar inmoralmente, pero no tener la oportunidad de satisfacer ese deseo. Aun así, el acto de acariciar ese mal deseo es en sí pecaminoso.

Una vez que un acto inmoral ha sido cometido, creo que la atadura que se desarrolla es mayor de lo que nos imaginamos. Pablo dice: *"¿No saben que el que se une a una prostituta se hace un solo cuerpo con ella? Pues la Escritura dice: «Los dos llegarán a ser un solo cuerpo»"* (1 Corintios 6:16). Considerando esa unión, pienso que cualquiera que ha tenido una relación sexual ilícita, necesita ser liberado de esa atadura y recibir sanidad interior. De hecho, creo que si un hombre se une a sí mismo con una prostituta, en cierta forma, toma todos los pecados de ella y los une a los suyos. A la luz de estas realidades, nosotros haríamos bien en prestar atención a las palabras de Pablo a los Efesios: *"Entre ustedes ni siquiera deben mencionarse la inmoralidad sexual, ni ninguna clase de impureza o de avaricia, porque no es propio del pueblo santo de Dios"* (Efesios 5:3). El trágico resultado de fallar en esta área seguramente hará naufragar un ministerio.

Relaciones masculinas/femeninas en la Iglesia. Los hombres y las mujeres de Dios deben desarrollar la actitud que Pablo exhortó a Timoteo que tomara hacia el sexo opuesto: *"A las ancianas, como a madres; a las jovencitas, como hermanas, con toda pureza"* (1 Timoteo 5:2). Creo que esta regla deja afuera abrazos completos entre hombres y mujeres cristianas, así como los besos completos y largos en la boca. Los hombres deben darles a las mujeres, cuando mucho, el mismo tipo de abrazo y rápido beso que le darían a una pariente femenina.

Ningún ministro decide simplemente el día que cometerá adulterio con la esposa de un amigo, con una secretaria, una persona a quien aconseja o con un líder de alabanza. La mayoría de los pecados sexuales comienza como la semilla de un pensamiento o como una acción amable aparentemente inocente. Lo que empieza bien puede terminar mal si no se guarda y dirige de manera adecuada.

En la parábola el sembrador, Jesús habló de un hombre que había sembrado solamente buena semilla en su campo. Pero a medida que empezó a crecer, el sembrador se dio cuenta de que el campo también contenía mala semilla. Cuando el hombre preguntó cómo había sucedido esto, la respuesta fue que un enemigo había sembrado mala semilla en el campo durante la noche (Mateo 13:24-30).

Al igual que este sembrador, nosotros podemos sembrar únicamente semillas de una actitud pura y de acciones adecuadas. Pero nuestros enemigos, el diablo y nuestra naturaleza carnal, sembrarán la mala semilla de los deseos de la carne, los deseos de los ojos, la vanagloria de la vida. Entonces, inadvertidamente, una de estas semillas brotará juntamente con la buena semilla, y de repente, una mirada, un roce, un cumplido activará un deseo carnal, sensual y sugestivo.

Mientras está en forma de semilla, los dos tipos de actitud y comportamiento parecen casi idénticos. Pero una vez que brotan, las personas que siempre están en guarda contra las malas semillas notarán, inmediatamente, una ligera diferencia. Ellos se darán cuenta de que los sentimientos internos y las reacciones de su corazón y del alma son un poco diferentes.

En este punto, el Espíritu Santo susurrará una advertencia: "Cuidado, la mala semilla sembrada por el enemigo acaba de brotar". Si la persona es sensible a Él y tiene un corazón rígido y correcto, inmediatamente sacará la mala semilla y no repetirá tal pensamiento o acción. El proverbio antiguo que dice "un kilo de prevención vale más que una tonelada de curación" es en verdad cierto en estas situaciones.

Dos aplicaciones. Creo que hay dos aplicaciones al menos para el comentario de Jesús de que desear a alguien en tu mente ante los ojos de Dios es cometer adulterio. Primero, Él estaba diciendo que si un hombre o una mujer, deliberadamente, medita sobre un adulterio con imágenes mentales, al extremo de visualizar la acción y tener el sentimiento carnal de una relación sexual con una persona en particular, entonces, aunque el pecado externo no fue cometido, la inmoralidad tuvo lugar dentro de su corazón. Fue cometido a través del deseo deliberado, el soñar despierto, la visualización, la imaginación y la meditación voluntaria.

La segunda aplicación indica que el comienzo de un pecado en su estado de la semilla de un pensamiento es tan serio como lo es la planta ya crecida del hecho consumado. Porque si la semilla no es rechazada, seguramente brotará. Y si la semilla brota y se le permite crecer, vendrá eventualmente el tiempo de la cosecha cuando recogeremos las consecuencias de un acto pecaminoso.

No es pecado ser tentado con un pensamiento de deseo. Pero es equivocado meditar acerca de una sugestión pecaminosa con deseo y placer. No podemos evitar que los pájaros vuelen y llamen nuestra atención. Pero no debemos dejar que revoloteen en nuestra cabeza, construyan un nido, pongan huevo y empollen buitres a los cuales les gusta la carne corrompida y hedionda.

Todo pensamiento cautivo. Pablo declara que nosotros debemos llevar todo pensamiento e imaginación de la mente a la cautividad de la mente de Cristo –o sea, a principios bíblicos, prácticas y pensamientos virtuosos–. Un ministro cuenta que cuando él se encuentra soñando despierto en la carne, grita el texto de Las Escrituras: *"Jamás me ocurra jactarme (pensar, meditar) de otra cosa sino de la cruz" (muerte de la carne) de nuestro Señor Jesucristo* (Gálatas 6:14).

La única arma ofensiva que tienen los cristianos en la armadura de Dios descrita por Pablo (Efesios 6:13-17) es *"la espada del Espíritu, que es La Palabra de Dios"*. Jesús venció toda tentación de Satanás, durante su encuentro en el desierto, citando Las Escrituras. Nosotros también podemos encontrar numerosos textos bíblicos para ser usados contra toda tentación y sugestión del diablo y de la carne egoísta.

Cualquier toque, mirada o relación de trabajo cercana crea pensamientos o sentimientos sexualmente inclinados, por lo que deben ser crucificados de inmediato. Los consejos de La Biblia *"huye de las malas pasiones de la juventud"* (2 Timoteo 2:22) y *"eviten toda clase de mal"* (1 Tesalonicenses 5:22) nunca deben ser olvidados, mientras mantenemos y maduramos la M de Moral. (Para más sobre este asunto, ver "El engaño de las parejas ministeriales", en el capítulo 5).

MOTIVACIONES. Cuando fui por primera vez al Colegio Bíblico, tenía lo que yo creía que era una visión para llegar a ser misionero a la India. Pero después que estudié el país y me di cuenta de cuán terribles eran las condiciones allí, perdí mi "visión". Resultó ser no una verdadera visión de Dios, sino solamente una romántica idea de mis años de adolescente.

Ahora mirando el pasado, me doy cuenta de que, si soy honesto, debo admitir que mis motivaciones para querer ser misionero no eran puras. No me había visto a mí mismo luchando en la India con la pobreza, el hambre, la enfermedad y otras condiciones pobres. En lugar de eso, me imaginaba sobre la plataforma, predicando, poniendo mis manos sobre los enfermos, levantando a los muertos, llevando miles a los pies del Señor. Me vi escribiéndole a mi familia acerca de todo eso, y a ellos diciendo: "¡Miren!, nuestro muchacho lo hizo. Vean los milagros. ¡Oh, él es alguien importante!".

Estaba motivado por lo que creía que era una oportunidad para obtener gloria personal. ¿Cuántos muchos otros ministros, si ellos fueran honestos, admitirían que han tenido que crucificar esa misma motivación? Jesús enfatizó que los motivos escondidos del corazón deben ser reconocidos y purificados. No seremos juzgados por nuestras acciones, sino por nuestras **obras** —las que incluyen tanto nuestras acciones como nuestras motivaciones.

Por ejemplo, Jesús dijo: "*Cuídense de no hacer sus obras de justicia delante de la gente para llamar la atención. Si actúan así, su Padre que está en el cielo no les dará ninguna recompensa*" (Mateo 6:1). Las personas ven nuestro comportamiento exterior, pero Dios ve las intenciones del corazón (1 Samuel 16:7).

¿Ministramos para servir o para ser servidos? ¿Somos nosotros dedicados "a servir a los creyentes" (1 Corintios 16:15), ¿o queremos ser reconocidos como grandes ministros? ¿Somos motivados por el deseo de hacer la voluntad de Dios o por un impulso personal tal como el deseo de poder, fama, placer o riquezas?

En resumen, ¿ministramos desde un corazón lleno del amor de Dios? Si no es así, La Escritura dice que nuestro ministerio entonces no es nada: Si tengo el don de profecía y entiendo todos los misterios y posero todo conocimiento, y si tengo una fe que logra trasladar montañas, pero me falta amor, no soy nada. Si reparto entre los pobres todo lo que poseo, y si entrego mi cuerpo para que lo consuman las llamas, pero no tengo amor, nada gano con eso (1 Corintios 13:2-3).

Tenga cuidado del eslabón débil. Debo enfatizar que algunos, aunque son muy pocos —si es que existen—, pueden anotar un "excelente diez" en relación a todas las M. Todos tenemos espacio para crecer, mejorar y ser corregidos. Esa es la razón por la cual, a todos los ministros de la CI-NPM se les pide que permitan a aquellos a quienes ministran tener la oportunidad de completar un formulario evaluando sus 10 M. Nos damos cuenta de que todos tenemos áreas en las que necesitamos crecer, y otros pueden ver esas áreas más claramente de lo que nosotros mismos las vemos.

Sin embargo, nunca debemos asumir que solo porque la mayoría de estas áreas en nuestra vida pueden estar en buena forma, podemos entonces despreciar las otras. Se necesita tener problema en una sola área para descarrilar a un ministro.

En una parte de las instalaciones de nuestro ministerio, en donde estamos haciendo una nueva construcción, tenemos una gran excavadora estacionada sin trabajar. El motor todavía funciona bien, y el cuerpo del equipo está todavía en buena forma, pero las bandas de rodamiento están demasiado gastadas, y se nos ha dicho que lo que queda de la máquina no paga el costo de reemplazar las bandas. Así que el hecho de que falle en trabajar adecuadamente una sola parte ha hecho que esta poderosa máquina deje de ser utilizada.

Lo mismo es verdad con las 10 M. Basta que se rompa una sola parte para que nuestro ministerio se detenga ruidosamente. Así que, debemos ser diligentes en prestar nuestra atención a diario a cada una de estas áreas. Y debemos tener en mente que aun el área que nosotros consideramos como nuestra más grande fortaleza, si la dejamos sin resguardo, puede llegar a ser fácilmente una doble debilidad.

Como dice el proverbio antiguo, una cadena es solamente tan fuerte como lo es su eslabón más débil. Fórmese esta imagen: usted está colgando sobre un acantilado de un trágico desastre en su ministerio. La única cosa que lo sostiene es una cadena, cuyos diez eslabones son esas 10 M en su propia vida. Si alguno de esos enlaces está en peligro de romperse, ¿cuán seguro se encuentra usted?

No se sienta tan orgulloso y confiado de las áreas que están funcionando bien, como para que llegue a ignorar el área que necesita ser trabajada. Decida ahora comenzar a hacer una inspección regular de cada eslabón –cada una de las 10 M en su vida–. Fortalecer cada uno de los eslabones es la mejor manera de mantener y madurar un carácter divino que le dará a su ministerio un sólido y estable fundamento para poder crecer. Aquellos que diligentemente mantienen las 10 M en el orden bíblico, mantendrán y madurarán en sus vidas personales y en su ministerio profético.

14

LOS PROFETAS Y LA PROFECÍA PERSONAL. UNA SINOPSIS

El énfasis de los dos primeros tomos provee un fundamento crítico para poder ministrar proféticamente. Esta parte del presente tomo ofrece una sinopsis breve de los puntos principales contenidos en los libros anteriores. Sin embargo, si usted desea practicar el ministerio profético, le recomiendo fuertemente que también lea los tomos 1 y 2. Ellos le proporcionarán un tratamiento más completo de estos tópicos, así como un firme apoyo histórico y bíblico a lo que usted va a encontrar aquí. Cientos de escrituras son utilizadas para validar los puntos presentados en los libros, sin embargo, solamente veremos unos cuantos de esos textos en estos breves resúmenes. Las siguientes páginas cubrirán solo unas cuantas de las claras verdades que se encuentran en las páginas del libro *Los Profetas y La Profecía Personal*.

Dios quiere comunicarse. En nuestros días, a través de La Biblia y del Espíritu Santo, Dios desea caminar y conversar con nosotros en una relación individual, personal e íntima. Sin embargo, no todos los cristianos entienden cómo reconocer la voz del Señor. Y aun cuando logran reconocerla, no saben cómo responder a ella para que sea cumplida.

Por esta razón, así como en muchas otras, podemos ver que no hay ningún individuo que sea autosuficiente en su relación con Dios; todos nosotros necesitamos al resto del Cuerpo de Cristo. Por lo tanto, Dios ha establecido dentro del Cuerpo el ministerio de **Profeta** como una voz especial. También ha establecido el don de profecía en medio de la congregación y, asimismo, ha enviado el espíritu de profecía para dar testimonio de Jesús a través del mundo (Apocalipsis 19:10; 1 Corintios 12:28).

La venida del Espíritu Santo en Pentecostés y el hecho de que La Biblia ha sido escrita no eliminan nuestra necesidad de tener la voz también profética del Señor; de hecho, esto más bien intensifica esta necesidad. Pedro insistió en que el profeta Joel hablaba en relación a la era de la Iglesia cuando proclamó: *"Sucederá que en los últimos días –dice Dios–, derramaré mi Espíritu sobre todo el género humano. Los hijo y las hijas de ustedes profetizarán..."* (Hechos 2:17). Pablo enfatizó asimismo esta verdad cuando dijo a la iglesia de Corinto que busque profetizar (1 Corintios 14:39; Efesios 4:11).

Dios desea que la revelación de su voluntad sea expresada verbalmente. De manera que Él ha establecido el ministerio profético como una voz de revelación e iluminación, la cual revelará la mente de Cristo a la raza humana. Él también utiliza este ministerio para dar instrucciones específicas a los individuos en lo concerniente a su voluntad para sus vidas.

El ministerio de profeta no consiste, por supuesto, en añadir o sustraer de La Biblia. Cualquier adición nueva aceptada como infalible e inspirada debe ser considerada como falsificación, como documento falso, que contiene errores que llevan a la condenación. En vez de eso, el profeta trae iluminación y datos específicos adicionales acerca de lo que ya ha sido escrito. Y el don de profecía del Espíritu Santo que ha sido dado a través de los santos está allí para traer edificación, exhortación y consolación a la Iglesia (1 Corintios 14:3).

El susurrar de los pensamientos de Cristo por el Espíritu Santo dentro del corazón del cristiano es, obviamente, el orden divino e ideal para que haya comunicación. Pero lo que un individuo haya sentido en su espíritu necesita ser confirmado. El consejo que Dios nos da es que cada palabra necesita ser testimoniada y confirmada por boca de dos o tres testigos (2 Corintios 13:1). La voz profética puede realizar este papel tan crítico.

Por supuesto, la profecía personal nunca puede convertirse en un sustituto de la responsabilidad individual y el privilegio de escuchar la voz de Cristo por uno mismo. Dios es un Dios celoso que no se complace cuando permitimos que algo obstaculice una íntima relación y una comunicación personal con el cielo. Y esto es así, aun si el obstáculo proviene de un ministerio que Él mismo ha ordenado. La profecía personal no debe tomar el lugar de nuestro deber de ayunar, orar y buscar a Dios hasta que lo escuchemos por nosotros mismos.

Al mismo tiempo, muchas personas no pueden escuchar, o no toman el tiempo para escuchar, lo que Dios quiere decirles. Él está normalmente más deseoso de hablar de lo que nosotros estamos de escuchar; sin embargo, no siempre irrumpirá en nuestras apretadas agendas, tratando de gritar por encima del ruido de la televisión o de la plática social que sostenemos (a veces, puede hablarnos mientras dormimos). Siendo este el caso, el Señor utiliza entonces la voz del profeta para hablar a los individuos, a las congregaciones y a las naciones. Pero su mayor deseo es que sus hijos se tomen un tiempo de calidad para esperar en Él, hasta que nuestra mente, nuestras emociones y nuestra voluntad estén lo suficientemente claras para que nos comunique lo que está en su mente y en su corazón.

Los propósitos de Dios para los profetas. Los profetas son especiales al corazón de Dios. Ellos participan en todo plan y actuación divina sobre el planeta Tierra. Están para preparar el camino para la segunda venida de Cristo, trayendo conocimiento de la revelación contenida en Las Escrituras, que deben ser cumplidas antes de que Él regrese. Por tanto, la restauración del ministerio del profeta y de la Compañía de Profetas es la señal más grande de la cercanía de la venida de Cristo.

Los profetas no solo preparan el camino del Señor, ellos también están aquí para preparar *"un pueblo bien dispuesto para recibir al Señor"* (Lucas 1:17). La Esposa de Cristo debe estar lista para su Esposo, y los profetas ayudan para que crezca en pureza y madurez. Ella no puede ser plenamente perfeccionada sin la completa restauración de los apóstoles y profetas (Efesios 4:11-12), a quienes, junto con los evangelistas, pastores y maestros, les ha sido dada una habilidad especial de parte de Cristo para perfeccionar, equipar y madurar a los santos.

Los profetas ayudan a esos ministerios a salir a la luz, por lo menos, en dos formas. Primero, a través de las profecías, ellos revelan a los creyentes cuál es su papel en la Iglesia y, asimismo, los ayudan a interrelacionarse con otros creyentes. Segundo, sus palabras tienen la habilidad, que les es dada por Cristo, de impartir, dar a luz y activar a los creyentes en el ministerio que Dios ha revelado para ellos.

La naturaleza de la profecía. La profecía es simplemente Dios comunicándole sus pensamientos e intenciones a la humanidad. En este sentido, podemos llamar profecía a La Biblia entera. Esta palabra profética (La Escritura) es completa, perfecta y totalmente suficiente para traer toda la revelación de Dios que nosotros podemos comprender y apropiarnos. Así que cualquier palabra profética verdadera dada hoy debe estar en total acuerdo tanto en el espíritu como en el contenido de La Biblia.

Dos palabras del Nuevo Testamento en griego se traducen por nuestro término español *palabra*: **logos** y **rhema**. Logos se refiere a Las Escrituras (2 Timoteo 2:15). Esta palabra **Logos** es creativa, autorealizable, poderosa, verdadera, sin error, infalible, completa y dadora de vida. Es el estándar consistente y absoluto por medio del cual todas las otras expresiones, los conceptos, la revelación, las doctrinas, predicaciones y profecías son medidos.

Por otro lado, al **rhema** puede llamársele "una palabra que viene de La Palabra". Es aquella palabra dada en su tiempo, inspirada por el Espíritu Santo, proveniente del Logos que da vida, poder y fe para caminar en ella y cumplirla: *"Así que la fe viene como resultado de oír el mensaje, y el mensaje que se oye es la palabra de Cristo"* (Romanos 10:17). El rhema debe ser recibido con fe por el oyente para que este cumpla su misión.

Cuando usamos el término *Logos*, queremos decir Las Escrituras como un todo; cuando decimos *rhema*, queremos decir una palabra específica del Señor que el Logos lo aplica a nosotros individualmente.

Aunque el Logos nunca cambia ni falla, La Biblia está llena de rhemas para individuos, que nunca llegaron a realizarse. Realmente, en estos casos, no fue el rhema del Señor el que falló, sino más bien las personas que escucharon fallaron en entender, interpretar, creer, obedecer, responder, esperar en o actuar sobre ella, de acuerdo a la voluntad y dirección del Padre. Este es el significado de 1 Corintios 13:8: *"... el don profecía cesará".*[2]

Una **profecía personal** es la revelación por parte de Dios de sus pensamientos e intenciones, ya sea a una persona en particular, a una familia o a un grupo de personas. Es información específica que viene de la mente del Señor, para una situación específica; es una palabra inspirada dirigida a cierta audiencia. En un amplio sentido, entonces, una profecía personal es un rhema. Pero nosotros usaremos normalmente el término "profecía personal" en un sentido más estricto, para poder distinguir entre las palabras de Dios comunicadas directa o indirectamente. A las comunicaciones divinas que vienen directamente de Dios hacia nosotros las llamaremos *rhemas,* mientras que aquellas que vienen a nosotros a través de otro ser humano las llamaremos *profecías personales.*

Cinco maneras de recibir el ministerio profético. Adicionalmente a Las Escrituras, la palabra profética de Dios usualmente viene a nosotros en una de cinco diferentes maneras:

1- El oficio de profeta. El ministerio de profeta no es un don del Espíritu Santo, sino que es un don de extensión del mismo Cristo como Profeta. Los cinco ministerios de Cristo para la Iglesia (apóstol, profeta, evangelista, pastor, maestro) no son una dotación externa como un presente de cumpleaños. En lugar de eso, es una investidura del manto de Cristo para poseer los mismos ministerios de Jesús –es una concesión de la propia naturaleza, sabiduría y poder de Cristo para cada tipo particular de función–, ya sea apóstol, profeta,

---

2. Nota del Traductor: 1 Corintios 13:8 es traducida en el texto del inglés original como *"las profecías fallarán",* según la Versión King James, de allí el sentido del párrafo. Ninguna versión de las más difundidas en español lo traduce así.

pastor, maestro o evangelista. Todos los cinco ministerios, cuando se mueven en plena madurez, representan el ministerio total de Cristo hacia la Iglesia. Estos ministerios no solo son una extensión del ministerio del Cuerpo, sino una extensión de la autoridad de Cristo para su Cuerpo, la Iglesia.

El oficio de profeta está diseñado y ha sido dotado para funcionar en una esfera más alta de ministerio que el don de profecía del Espíritu Santo. Este don de profecía opera en los santos o en un ministro para la edificación, exhortación y consolación de la Iglesia (1 Corintios 12:10; 14:3-4). Pero el oficio de profeta está autorizado y ungido para fluir en las áreas de consejería, instrucción, represión, juicio y revelación –cualquiera que sea de estas la manera que Cristo escoja para purificar y perfeccionar a su Iglesia.

Los profetas son especialmente ungidos para poder percibir lo que va a suceder en la agenda de Dios para la restauración. Cuando lo hacen, levantan sus voces como trompetas para alertar, iluminar y comisionar a la Iglesia a conquistar la porción de la verdad que debe de ser restaurada en ese momento. De este modo, los profetas son, entonces, los ojos del Cuerpo de Cristo, los trompetistas en el ejército del Señor que dan un claro sonido para revelar los deseos del comandante y jefe.

2- Predicación profética. La predicación profética no es lo mismo que simplemente buscar la mente del Señor acerca de qué sermón predicar el domingo por la mañana, o ser ungido para enseñar un mensaje de La Biblia especialmente preparado. Es una esfera de acción totalmente diferente. La predicación profética de las verdades bíblicas es la directa voz de Dios, con la mente pura de Cristo, de tal manera que las palabras precisas del predicador y sus ilustraciones son exactamente lo que Dios quiere decir al pueblo que está presente en ese lugar y en ese momento. Aunque el ministro no anticipe sus declaraciones con un "así dice el Señor", las palabras son tan inspiradas y ungidas como si un profeta fuera a hablar utilizando esa frase. La predicación profética es "la palabra de Dios" (1 Pedro 4:11).

3- El presbiterio profético. Una tercera manera de recibir el ministerio profético es la imposición de manos, junto con la profecía por medio de hombres y mujeres de Dios que reúnen los requisitos de un presbiterio (1 Timoteo 4:14; Hebreos 6:1-2; Hechos 13:1-3). El presbiterio sirve varias funciones en este respecto, y se les pide a cada uno de ellos un diferente conjunto de requisitos, tanto a los presbíteros como a los candidatos. Esta práctica bíblica **ministra revelación profética y confirmación** a aquellos llamados al liderazgo de la Iglesia; ordenación al ministerio de los cinco oficios; **confirmación y activación** del ministerio de membresía en el Cuerpo de Cristo; y progreso en la madurez cristiana.

4- El don de profecía. La profecía es una de las nueve manifestaciones del Espíritu Santo (1 Corintios 12), que son dadas, no sobre la base de la madurez cristiana, sino porque Cristo quiere bendecir a su Iglesia a través de ellas. Por lo tanto, estos dones son recibidos y administrados por gracia y por fe (Romanos 12:6).

La profecía es importante en la vida de la Iglesia porque es el don de mayor edificación para una congregación. Los otros ocho son dones enfocados que actúan como si fueran un "rifle" al disparar, que normalmente bendicen solo a una persona específica o tal vez a unos cuantos; la profecía es un don similar a una escopeta, la cual puede bendecir a cientos de personas al mismo tiempo. Esta es una razón del por qué el apóstol Pablo dijo a los corintios que procuraran profetizar (1 Corintios 14:1-39).

5- El espíritu de profecía y el cántico profético. El espíritu de profecía es el testimonio de Jesús (Apocalipsis 19:10). Este no es un don o un oficio, sino una unción proveniente de Cristo dentro del creyente. Sucede en ocasiones de unción especial durante un servicio o cuando los cristianos ejercitan su fe para ser una voz a través de la cual Cristo pueda testificar. El canto del Señor (Colosenses 3:16) es el espíritu de profecía expresando los pensamientos y deseos de Cristo en canción.

Colocando la profecía personal en perspectiva. ¿Es bíblico que un individuo cristiano vaya a un profeta y espere recibir una palabra profética específica de dirección, instrucción o confirmación? La respuesta es sí. La Biblia provee numerosos ejemplos de gente, especialmente aquellos en posiciones de liderazgo, yendo al profeta y pidiendo un "así dice el Señor" acerca de una situación en particular. (Para ejemplos, ver el capítulo 7 del tomo 1 de esta serie).

Dios aprueba esta práctica en la medida que no permitamos que la profecía personal venga a ser un sustituto de nuestra búsqueda de Dios a través de la oración, el ayuno y la lectura de Las Escrituras. El profeta y la profecía personal no deben tomar el lugar de la voz interior del Espíritu Santo. Al mismo tiempo, he descubierto que Dios no responderá proféticamente preguntas que pueden resolverse buscando con diligencia en La Biblia. Tampoco Cristo dentro del profeta responderá positivamente cuando se hacen requerimientos no sinceros o se preguntan cosas necias.

Usted no debe ir a un profeta hasta que esté seguro de que el Señor tiene el primer lugar en su vida. Debe buscarlo primeramente por usted mismo. Entonces usted estará espiritualmente preparado para responder adecuadamente y con más probabilidades de escuchar una confirmación de lo que ya ha nacido en su espíritu.

Descubriendo la palabra, la voluntad y los métodos de Dios. Aunque la profecía personal puede jugar un importante papel ayudando a los cristianos a tomar decisiones, no es la única manera que utiliza el Espíritu Santo para revelar la voluntad y el camino de Dios. Probablemente, el noventa por ciento de mis decisiones importantes, y otras de menor importancia, han sido hechas sin que la profecía personal sea el factor dominante o motivador. Pero me he esforzado en hacer el cien por ciento de todas mis decisiones con base en la palabra, la voluntad y el camino de Dios.

El método más exacto para asegurarse de que usted haga todo en armonía con el cielo es seguir estas tres letras "P, V y M" para tomar las decisiones. Determine La **Palabra** de Dios sobre un asunto, su

Voluntad específica acerca de ella, y sus **Métodos** para cumplirla. Estas son como las tres luces de un semáforo, las cuales deben todas estar en "verde" antes que procedamos a seguir nuestro camino.

La Palabra de Dios. Para poder determinar si La Palabra da o no "luz verde", exponga cada pensamiento, impresión y sugestión que llegue a usted proveniente de cualquier fuente –sin importar cuán espiritual o religiosa pueda esta sonar– a la luz de La Biblia entera. Para evitar el engaño, mantenga el amor por la verdad tal cual es, no como egoístamente usted quiere que sea interpretada (Zacarías 8:19).

Los pensamientos y deseos no deben convertirse en peticiones de oración hasta que reciban "luz verde" de La Palabra. Si su pensamiento o su deseo son no bíblicos, son impropios, ilegales o inmorales de acuerdo a los principios divinos, entonces está perdiendo el tiempo pidiendo a Dios que le deje realizarlos.

La voluntad de Dios. Así como Dios tiene una voluntad general para toda la humanidad, también tiene una voluntad específica para los individuos. La Biblia da el criterio general para hacer muchas decisiones en los negocios, viajes, ministerio y en el uso de nuestras finanzas. Pero no provee muchos datos específicos.

Así que, ¿de qué manera llegamos a conocer la voluntad específica de Dios para nuestra vida? Las Escrituras dan ejemplos de las muchas maneras en las cuales Él puede guiarnos específicamente: deseos divinamente dirigidos; un rhema o una iluminación de un texto bíblico particular; el profeta y la profecía personal; los dones del Espíritu Santo; el testimonio, la habilitación o la limitación del Espíritu Santo y la confirmación de "otros testigos".

Los métodos de Dios. Los métodos de Dios incluyen su tiempo, su manera de obrar y el uso de los medios necesarios para lograrlo; el quién, cuándo, dónde y cómo (pero no necesariamente el porqué); el consejo continuado y el control de las circunstancias por Dios; y la paciencia para seguir adelante hasta que su plan haya sido logrado.

A menudo, La Palabra de Dios y su voluntad son más fáciles de determinar que sus métodos. La Palabra puede determinarse examinando el Libro; la voluntad, por medio de principios personales internos y mediante la confirmación de otros. Pero el método es un proceso de tiempo que debe ser transitado día tras día, porque todos los detalles de él son raras veces revelados con anticipación.

Terminología profética. Entre más conocemos a Dios y más íntimamente nos relacionamos con Él, podemos entender mucho más sus palabras y así responder de una manera apropiada. Entender las palabras de Dios para nosotros no es al principio tan fácil como pareciera. Las Escrituras nos dicen que Él piensa y se expresa a sí mismo de acuerdo a una perspectiva que es muy diferente de la nuestra. Así que, debemos entender la terminología profética de Dios.

Nosotros creemos que el Espíritu Santo inspiró y dirigió la escritura de La Biblia desde la mente de Dios. Por lo tanto, no nos extrañemos de que La Biblia revele algo del pensamiento de Dios. Nos muestra cómo Él habla y los términos humanos que usa para expresarse. En particular podemos ver los libros de los profetas para encontrar la terminología de Dios, en donde hay muchas citas precedidas de un "así dice el Señor".

Adicionalmente, todo lo que Jesús dijo mostró la manera de hablar de Dios. Así que leyendo los Evangelios así como los profetas, y prestando atención cercana a las palabras de Jesús en ellos, podemos obtener un mejor entendimiento sobre la manera de cómo Dios habla –la cual llamamos terminología profética.

Tiempo. La terminología de Dios en cuanto al tiempo difiere considerablemente de la nuestra. Aunque Él nunca parece estar apurado, siempre llega a tiempo. Pero, a menudo, parece tomar más tiempo del que nosotros pensamos que debería. Por eso, algunas de las grandes fallas de las grandes figuras en La Biblia resultaron de su impaciencia para con Dios, mientras esperaban el cumplimiento de una profecía (tal como la paternidad de Abraham con Ismael).

Juzgando a partir de los ejemplos escriturales, "ahora" o "este día" no necesariamente significa, "inmediatamente" o "dentro de veinticuatro horas" (por ejemplo, 1 Samuel 13:1-14; 15:28). "Pronto" o "rápidamente" puede significar hasta dos mil años si tomamos como precedente la promesa dada en Apocalipsis 22:20 acerca del tiempo de su retorno.

Proceso. Cada vez que Dios le promete proféticamente que cierto buen fruto aparecerá en su vida, usted puede esperar que, implícito en esas palabras, está el proceso necesario para cultivar dicho fruto. Si Él dice que usted tendrá gran paciencia, puede esperar tribulación que hará crecer esa paciencia. Si dice que usted tendrá gran fe, recuerde que el suelo apropiado para obtener como fruto la fe es tener la vida al borde del desastre y en necesidad de un milagro. Si Dios anuncia planes para crecer, construir y expandir, Él primero tendrá que derribar el edificio y desenterrar el fundamento antiguo.

Yo lo haré, tú lo harás, nosotros lo haremos. Cuando Dios dice "lo haré" acerca de grandes cosas que planea hacer, no quiere necesariamente decir que actuará por sí mismo sin nuestro involucramiento. A juzgar por sus pronunciamientos de "lo haré" a Moisés (Éxodo 6:6-8), cuando Él dice "lo haré", quiere decir "lo haremos" —o sea, "lo haré en ti y a través de ti, Yo te capacitaré para hacerlo".

La naturaleza de la profecía personal. Debemos recordar que la profecía personal siempre es **parcial**, **progresiva** y **condicional**. Primero, cualquier profecía personal dada es solo una pequeña profundización de la voluntad de Dios para nuestra vida. El entendimiento de esta realidad debe evitar que nos desalentemos cuando una profecía personal no menciona algunas áreas de nuestra especial preocupación. También debe prevenirnos de asumir que el silencio de Dios acerca de un asunto en particular implica su aprobación.

Segundo, la profecía se desenvuelve y se expande gradualmente a lo largo de los años, añadiendo nueva información y revelación con cada palabra profética dada.

Tercero, las profecías personales no son siempre cumplidas porque son condicionales, ya sea que las condiciones para cumplirse hayan sido hechas explícitas o no. Su cumplimiento depende del comportamiento humano. Podemos ver esta realidad en el recuento bíblico de las promesas de Dios a los israelitas en el desierto (Éxodo 6:6-8). Aunque sus promesas no incluyeron palabras de condicionamiento, fueron cumplidas solamente por dos hombres de los seiscientos mil que las recibieron. Estas profecías fueron canceladas por la desobediencia de otros.

Respondiendo adecuadamente a la profecía personal. La actitud bíblica hacia la profecía es profundamente positiva; de hecho, es el único ministerio que Las Escrituras dicen que los cristianos debemos desear (1 Corintios 12:39, 14:1-39). Para mantener la respuesta positiva adecuada a la profecía que recibe, debe usted mantener en mente unas cuantas indicaciones:

1- Juzgue una **profecía** considerando el contenido de las palabras escritas para determinar si es falsa o verdadera. Juzgue a un **profeta** como persona por la calidad de su vida, para descubrir si es verdadero o falso. (Ver "Las 10 M" para obtener criterios al juzgar a un ministro profético). Una palabra inexacta dada por un profeta no prueba que esa persona sea un falso profeta; todos los seres humanos son falibles, y la inexactitud puede simplemente ser el resultado de inmadurez, ignorancia o presunción.

2- Anote, lea y medite sobre sus profecías personales. Si es del todo posible, deben hacerse los preparativos adecuados para realizar una grabación de audio de todas las profecías dadas. Esto mantiene al ministro profético responsable sobre lo que ha hablado y lo protege en caso de que la persona que recibe la palabra la aplique mal, la cambie o malinterprete lo que escuchó.

3- **Pruebe** la profecía a través de principios bíblicos y por el criterio adecuado para juzgar las palabras proféticas, pero busque el **testimonio** de la profecía en su espíritu. Cuando el Espíritu de Dios está llevando testimonio a nuestro espíritu de que la palabra es correcta, que es de Dios y que está de acuerdo a su divina voluntad y propósito, entonces, nuestro espíritu reacciona con el fruto del Espíritu Santo: amor, gozo, paz y los otros restantes.

4- No haga lo que no siente que deba hacer. Si la profecía es de Dios, se cumplirá.

5- Pelee una buena batalla con su profecía (1 Timoteo 1:18). Cuando creemos la palabra de Dios que nos es dada en profecía, nos es dado el poder para perseverar a través de pruebas y adversidad.

6- No haga nada diferente a menos que la palabra profética lo dirija definitivamente a hacerlo. A menos que Dios le dé instrucciones explícitas para actuar, simplemente continúe lo que estaba haciendo antes de que recibiera la palabra; no trate de hacer que se cumpla. Por otro lado, tome acción inmediatamente si se le da dirección específica para hacerlo.

7- Las mismas actitudes que necesitamos tener para responder a la palabra de Dios en La Escritura, debemos mantener mientras respondemos a las palabras proféticas: fe, obediencia, paciencia, humildad, mansedumbre y sumisión al señorío de Cristo.

Obstáculos para el cumplimiento de su profecía personal. Básicamente, las mismas cosas que nos obstaculizan en apropiarnos las promesas bíblicas también impiden que se cumplan las promesas del Señor en nuestras profecías personales: incredulidad, orgullo, impaciencia, autoengaño, negligencia, tardanza, apatía. Podemos ser estorbados por prejuicios falsos acerca de la vida, de nosotros mismos, de Dios; o por lo que yo llamo "bloqueo del alma", o sea, una emoción, un deseo deliberado o una ambición personal que se interpone en el camino de recibir la palabra de Dios. Podemos aplicar mal o malinterpretar una profecía, o permitir que el desaliento o la desilusión obstaculicen el cumplimiento de la palabra. O podemos estar equivocadamente motivados por el temor a los hombres o por fallar en asumir la responsabilidad de los resultados de nuestra propia conducta. (El tomo 1 de esta serie contiene numerosos ejemplos bíblicos y contemporáneos de cómo estos principios proféticos han obrado en vidas individuales).

El entrenamiento profético es una prioridad. De esta breve sinopsis de los énfasis presentados en el primer tomo de esta serie, *Los Profetas y La Profecía Personal*, podemos ver que las iglesias deben tener como prioridad en estos días la capacitación de los santos para usar la palabra profética. Esta realidad viene a ser aún más clara cuando nos disponemos ahora a revisar los puntos principales presentados en el segundo tomo, *Los Profetas y El Movimiento Profético*. Utilizaremos solo unas pocas páginas para resaltar unas cuantas de las verdades vitales encontradas en el tomo 2.

15

LOS PROFETAS Y EL MOVIMIENTO PROFÉTICO. UNA SINOPSIS

Una gigantesca ola se acerca. En estos días, estamos viendo cómo crece el gran movimiento de restauración dentro de la Iglesia: el Movimiento Profético. Este movimiento no es un fin en sí mismo, sino más bien es un medio para llegar a ese fin. Es un movimiento de restauración inspirado por el Espíritu Santo para el cumplimiento de su propósito último para su Iglesia y para el planeta Tierra. Todavía vendrá otro movimiento para restaurar el oficio de apóstol a su completa posición y poder en el Cuerpo corporativo de Cristo. Vendrá aun otro movimiento después de este, y finalmente, aparecerá el más poderoso movimiento de restauración que haya tenido lugar en la Iglesia.

Este movimiento final será más grande que la acumulación de todos los movimientos de restauración que han pasado durante los últimos quinientos años. Traerá el cumplimiento de todas las profecías que han sido dadas por todos los profetas de Dios desde que el mundo comenzó. El movimiento final no solo llevará a la Iglesia de Cristo, como su Novia, a su total madurez y estatura; sino que continuará arrasando a través de las naciones del mundo como una ola gigantesca. El resultado final de esto será el retorno literal de Jesucristo para establecer su reino en la tierra.

La naturaleza del Movimiento de Restauración. *Restaurar* significa reactivar y restablecer algo de nuevo a su posición e intención original. De esta manera, un movimiento de restauración es un tiempo en que el Espíritu Santo actúa soberanamente dentro de la

Iglesia para restaurar una verdad bíblica o un ministerio a su propio orden y funcionamiento.

El Movimiento Profético, diseñado para restaurar de nuevo a la Iglesia el don de Dios de ascensión del profeta, es el más reciente de varios movimientos que han aparecido sobre los últimos quinientos años. Estos movimientos, sus fechas aproximadas de inicio y la verdad central que fue restaurada en cada una de ellas se encuentran resumidos en la siguiente tabla:

AÑO	MOVIMIENTO DE RESTAURACIÓN	VERDAD MAYOR RESTAURADA
1500	Protestantismo	Salvación por gracia a través de la fe
1600	Evangélicos	Bautismo en agua, separación de la Iglesia y Estado
1700	Santidad	Santificación, Iglesia separada del Mundo
1800	Fe Sanadora	Sanidad divina para el cuerpo físico
1900	Pentecostal	Bautismo en el Espíritu Santo y el hablar en lenguas
1950	Lluvia Tardía	Presbiterio profético, alabanza y adoración
1960	Carismático	Renovación de toda la verdad restaurada
1970	Fe	Confesiones de fe, prosperidad
1980	Profético	Profetas y dones del Espíritu Santo

La naturaleza de un verdadero movimiento de restauración. Cuando Dios se prepara para hacer algo nuevo, Él realiza preparativos en ciertas áreas. Prepara un pueblo, un producto y un lugar para perpetuar su plan. El Señor Jesús levanta entonces un hombre o una mujer con un mensaje y un ministerio, el cual produce asimismo, un movimiento que completa de forma adicional su voluntad a través de varios medios y métodos.

Todos los movimientos anotados en la tabla anterior han manifestado las siguientes siete características que posee un verdadero movimiento de restauración de Dios.

1. Iluminación divina de ciertos textos de La Escritura y conocimiento, por medio de revelación, de verdades prácticas que no habían sido adecuadamente entendidas y practicadas desde los días de la Iglesia Primitiva.

2. La transformación de una verdad, de una experiencia bíblica o de un ministerio llevándolo de ser un suceso ocasional para solo unos cuantos, a una práctica consistente para millares, que participan de este movimiento.

3. Una nueva unción y autoridad para establecer la verdad restaurada.

4. Un comienzo pequeño en un lugar insignificante.

5. El poder para reproducir el ministerio de la verdad restaurada enseñando, entrenando y activando a los santos.

6. Una ampliación de las verdades y prácticas del movimiento restaurado, acompañado de publicidad, hasta que estas verdades y prácticas son objetadas mediante críticas y controversia.

7. Nuevas canciones, coros y otra música que lleva consigo el mensaje de restauración.

Un clamor por que haya balance, estructura y orden. Cuando la verdad está en el proceso de ser restaurada a la Iglesia, normalmente oscila a la derecha, luego a la izquierda y finalmente se sostiene firme con un mensaje balanceado, así como lo hace el péndulo de un reloj, en el centro de los dos extremos. Aquellos que se estancan en la extrema izquierda se convierten en religiosos de sus doctrinas y prácticas. Aquellos que no regresan de la extrema derecha llegan a ser un grupo exclusivo que se separa a sí mismo del resto del Cuerpo de Cristo. Luego se encuentra el grupo que se mueve desde los dos extremos hasta llegar a mantener un balance en la doctrina bíblica y las prácticas adecuadas, del modo que Dios originalmente deseó que fuese restaurada la Iglesia.

Es triste decirlo, pero el "grupo balanceado" tiene sus problemas también. Puede llegar a ser tan celoso en proteger la verdad y tan reaccionario hacia los extremistas, que puede mantener la intención original, pero perder el fluir del Espíritu Santo. Ellos pueden ser constantes en la pureza de la doctrina, mas sin embargo, pierden la unción fresca que restauró esas verdades. De hecho, históricamente, estos grupos balanceados llegan a ser los principales perseguidores del siguiente movimiento de restauración del Espíritu Santo. Por esta razón, debemos mantener nuestros odres flexibles, para que podamos ir de movimiento en movimiento del Espíritu Santo, incorporando en nuestra vida y en nuestras congregaciones todo lo que Dios quiere restaurar a su Iglesia (2 Corintios 3:18).

Abusos y extremos. Al igual que todo movimiento de restauración antes que él, el Movimiento Profético tendrá su cuota de errores en la medida que las personas traten de llevar estas verdades demasiado lejos o de hacer una mala aplicación de ellas. Debemos especialmente evitar los siguientes abusos o extremos:

1. Sobreenfatizar la profecía personal.

2. Ministrar sin estar bajo la autoridad del liderazgo de la Iglesia.

3. Utilizar la profecía para justificar la rebelión u otro pecado.

4. Controlar o manipular a otros a través del ministerio profético.

5. Usar los dones proféticos para obtener ganancia personal.

6. Tratar que la profecía personal se cumpla fuera de su tiempo.

7. Profetizar en forma presuntuosa, crítica y con excesivo ánimo de juicio.

De acuerdo a 1 Corintios 11:19, *"sin duda, tiene que haber grupos sectarios entre ustedes, para que se demuestre quiénes cuentan con la aprobación de Dios"*. Deben haber falsos profetas, ministros proféticos ignorantes, inmaduros y erróneamente motivados, quienes utilizan de forma inadecuada el oficio de profeta y el ministerio de la profecía. Pero el ideal en el cual nos mantendremos es el de tener una estructura, un orden y una práctica adecuada dentro del movimiento, de tal manera que nada de lo que se haga traiga reproches sobre el ministerio.

El espíritu de los verdaderos ministros proféticos. Ser un verdadero ministro profético implica, en sí mismo, mucho más que el hablar una palabra verdadera o el tener un ministerio milagroso. Estas personas deben estar motivadas por un espíritu de sabiduría y amor, ya que sin esto, la revelación se convierte en radical y de autoexaltación. Adicionalmente, los verdaderos profetas no se aíslan de las personas que necesitan de su ministerio. Ellos llegan a ser conocidos por su misericordia, aunque tengan que ejecutar la palabra de Dios y sean intercesores poderosos.

El Movimiento Profético contra el Movimiento de la Nueva Era. Para cada realidad divina, existe una contraparte demoníaca, y esto incluye también el ministerio profético. Así como los primeros pentecostales fueron acusados de hablar en lenguas por medio de actividad demoníaca, así también los ministros proféticos son ahora acusados de realizar prácticas de la Nueva Era debido a que, en la superficie, algo de su ministerio parece similar a ello.

Sin embargo, estas son únicamente similitudes superficiales. Lo que determina su legitimidad de un fenómeno sobrenatural es la fuente de donde procede. ¿Viene del Espíritu de Dios o de Satanás? ¿Viene del espíritu de verdad o del espíritu de error? Dios odia completamente las prácticas falsas sobrenaturales del movimiento de la Nueva Era. En los días que vienen, no solamente habrá que pelear contra estas fortalezas demoníacas a través de la oración intercesora, la alabanza de guerra, la oración y la alabanza profética; también habrá confrontaciones públicas entre líderes de la Nueva Era y los verdaderos profetas de Dios. Los profetas se están levantando, y continuarán aumentando en pureza y en el poder de Dios hasta que todos los canales falsos de comunicación de la Nueva Era, del satanismo y de la brujería sean expuestos como el malvado sistema que son.

Los cinco ministerios de Cristo. Jesús dio los cinco ministerios a los santos para capacitarlos y madurarlos, a fin de que ellos puedan entrar a trabajar en la membresía del ministerio viviente y corporativo del Cuerpo de Cristo. En relación a estos ministerios, debemos mantener en mente cinco importantes consideraciones:

1. Todos los cinco ministerios son posiciones de dirección; significa entonces que son una extensión de Jesucristo mismo, quien es la Cabeza de la Iglesia.

2. Los cinco ministerios han sido llamados para gobernar, guiar, reunir, afirmar y guardar al pueblo de Dios; pero a cada uno se le ha dado una gracia especial y se lo ha dotado de una habilidad en una de estas áreas más que en otras.

3. No es bíblico ni sabio el restringir a cualquiera de estos ministerios en su unción y en sus actividades.

4. Es perjudicial para el funcionamiento del ministerio de los cinco oficios asignarles categorías detalladas acerca de su cargo, basados en su personalidad, desempeño y posición.

5. Cada uno de los ministros de los cinco ministerios conoce mejor que nadie su llamado y servicio.

Preparando el camino. El Movimiento Profético tiene el potencial más grande que cualquier otro movimiento previo haya tenido en la historia de la Iglesia para bendecir o para perjudicar. La llegada de la gran Compañía de Profetas es la señal más amenazadora que se le da al diablo de que su eterna condenación está cerca, porque los profetas están preparando el camino y a un pueblo bien dispuesto para el pronto retorno de Jesucristo.

16

PRINCIPIOS PROFÉTICOS PARA PRACTICAR

Como todo movimiento de Dios que es genuino, el Movimiento Profético que está resurgiendo en la Iglesia en estos días está generando considerable controversia. Los cristianos se encuentran discutiendo acerca de lo que La Biblia dice y no dice, y sobre qué experiencia ha sido o no probada, con relación a los profetas y la profecía. En el curso de tal debate, muchas preguntas han surgido acerca del origen, la naturaleza, el papel y el alcance del ministerio profético. Aunque, en algunos casos, las personas solo demuestran curiosidad, un consejo práctico es necesario para aquellos que son entrenados para ministrar proféticamente.

En los primeros dos tomos de esta serie, algunos de los temas más importantes han sido tratados desde el punto de vista de aquellos que reciben una profecía personal. Pero debido a que este tomo es especialmente para ministros proféticos y para aquellos que están participando y están siendo expuestos al ministerio profético, presentaré en esta sección una respuesta concisa a las preguntas que son más comunes desde el punto de vista de la persona que da la profecía. Para dar mayor claridad, he organizado el material en un formato de preguntas y respuestas.

Las Escrituras y la experiencia. Las respuestas dadas aquí están basadas tanto en La Escritura como en la experiencia. Como en la mayoría de las áreas de la vida cristiana, he encontrado que estas dos fuentes de entendimiento se iluminan mutuamente. Así como vamos a La Biblia para darle sentido a nuestra experiencia, así también algunas veces nuestra experiencia ayuda a profundizar, de una manera nueva, nuestro entendimiento acerca de un texto de Las Escrituras.

Por ejemplo, cuando yo era joven leía el texto acerca de nacer de nuevo, pero no fue sino hasta que recibí personalmente la experiencia del nuevo nacimiento que entendí estas palabras como una realidad experimentada. Lo mismo me sucedió con otras verdades de La Palabra, tales como el bautismo del Espíritu Santo, la sanidad física divina, y la liberación de varios problemas mentales y emocionales.

El principio es especialmente verdadero en mi vida con relación a todas las esferas del ministerio profético. Cerca de cuarenta años de ministerio profético dirigido a miles de personas y en una gran variedad de circunstancias me ha ayudado a anticipar el tipo de preguntas más comúnmente hechas y dar respuestas que no son solo teóricas, sino prácticas y probadas personalmente.

Por supuesto, ninguno de los argumentos es presentado como la "última palabra" acerca del tema. Si alguna cosa he aprendido en todos estos años de ministerio profético es que Dios hace cosas nuevas continuamente y que es infinitamente creativo. Aunque nosotros podemos confiar en que su carácter permanece fiel y sin cambiar, aun así, Él a menudo nos sorprende actuando de maneras que no encajan con nuestra mentalidad acostumbrada y nuestras suposiciones teológicas.

Dios es más grande que nuestros insignificantes conceptos de Él, y las maneras en que habla a los seres humanos son más ricas y variadas de lo que podemos imaginar. Por lo tanto, nunca esperemos cesar de aprender en estas áreas. Mientras tanto, confío en que las siguientes preguntas y respuestas darán consejos útiles para los ministros proféticos que desean crecer.

1. ¿LA NORMA DEL ANTIGUO TESTAMENTO QUE DE-TERMINA SI UN PROFETA ES FALSO ES VALIDA TAM-BIÉN PARA LOS PROFETAS DEL NUEVO TESTAMEN-TO Y PARA EL MINISTERIO PROFÉTICO?

En el Antiguo Testamento, un solo pecado sacó fuera del jardín del Edén a Adán y a Eva; un solo error impidió a Moisés entrar en Canaán; un solo pecado echó a Lucifer del cielo; y un solo error ocasionaba que una persona fuera acusada de ser un falso profeta de acuerdo al estándar de la ley.

Pero el profeta que se atreva a hablar en mi nombre y diga algo que yo no le haya mandado decir, morirá (…) Si lo que el profeta proclame en nombre del Señor no se cumple ni se realiza, será señal de que su mensaje no proviene del Señor. Ese profeta habrá hablado con presunción. No le temas. (Deuteronomio 18:20, 22; ver también 13:13)

¿Por qué esta norma era tan estricta y el castigo, tan duro? Bajo la ley mosáica, mientras que los sacerdotes funcionaban como representantes de la humanidad delante de Dios a través de los sacrificios y la ministración, los profetas representaban a Dios delante de la humanidad con sus juicios divinos y con sus decretos, que eran precedidos con la expresión "así dice el Señor". Parece haber un juicio mayor en representar mal a Dios delante del pueblo que en representar mal al pueblo delante de Dios.

Por esta razón, a los profetas del Antiguo Testamento se les requería que hablaran la verdadera palabra de Dios cada vez que abrían sus bocas. Ellos no podían darse el lujo de hablar falsa o presuntuosamente sin correr el riesgo de llevar a toda la nación al error. Además, Dios resiente altamente que alguien diga que Él es quien está hablando cuando, de hecho, no está involucrado en lo que se está diciendo. No es cosa ligera decir "así dice el Señor" o "el Señor me dice" que diga esto o aquello. El Señor pronuncia juicio sobre aquellos que añaden o sustraen de lo que Él realmente quiere decir en una profecía (Deuteronomio 13:1-11; Apocalipsis 22:18-19).

La gracia del Nuevo Testamento. Bajo la gracia el Nuevo Testamento, Jesucristo es nuestro mediador –no así el profeta o el pastor–, y tenemos el canon completo de La Escritura para depender de él. Esto no hace a un lado la necesidad que tenemos de los profetas y de la profecía, pero sí coloca a estos ministerios en una posición de menor responsabilidad que sus contrapartes del Antiguo Testamento. Dios es eterno y nunca cambia, sin embargo, trabaja con la humanidad de acuerdo a diferentes estándares establecidos durante cada dispensación. A los profetas que ministran en la presente dispensación de la Iglesia, se les ha extendido mayor gracia que a los profetas del Antiguo Testamento.

Consecuentemente, el ministerio de un profeta y la exactitud de sus palabras proveen solo algo del criterio para discernir si un profeta es falso o verdadero. Se le debe dar más crédito a otras áreas de la vida personal, como la moral, su matrimonio, el manejo del dinero, sus motivaciones y las otras M que discutimos en una sección anterior de este libro. Mantenga en mente que, en la sección sobre los peligros latentes para profetas, presentamos el ejemplo de Balaam, que aunque sus palabras fueron exactas, fue juzgado como un falso profeta debido a su carácter y a su estilo de vida.

Un dilema difícil y un doble estándar. Aquellos que operan en el ministerio profético son colocados a menudo en una posición precaria que presenta un difícil dilema. Si se presentan a sí mismos como infalibles y pretenden que sus pronunciamientos proféticos nunca fallen, se los condena como herejes porque La Biblia enseña claramente que solo Dios es infalible. Todo ser humano tiene una naturaleza caída y es solo un vaso terrenal; solo ve "oscuramente, como a través de un vidrio", como Pablo dijo (2 Corintios 4:7; 1 Corintios 13:12). Por lo tanto, todos somos susceptibles al error y a las equivocaciones.

Sin embargo, si los profetas de ahora demuestran que son falibles cometiendo un error al hablar una palabra que no se cumple, ciertos segmentos de la Iglesia los acusan de ser "falsos profetas". Algunos individuos, de hecho, parecen estar ansiosos de poder tener la oportunidad de usar esta aplicación. Tal vez este dilema ha sido provisto por Dios para asegurarse de que sus profetas no se llenarán de orgullo debido a sus dones de revelación. Ellos deben reconocer que, en dondequiera que ministren, están solo a "un paso de ser humillados", por lo que deben permanecer totalmente dependientes de la gracia de Dios para cada palabra profética que dan.

Todos los ministros deben ser responsables. Al discutir profecías falsas o inexactas, ¿se da un énfasis indebido en el estándar que los profetas deben cumplir, sin tomar en consideración la necesidad de que el resto de los ministros del ministerio de los cinco oficios también deben de ser responsables? ¿Se les requiere a los otros ministros un cien por ciento de exactitud en todos los pronunciamientos que hacen? Sin duda, decir "así dice el Señor" demanda mayor responsabilidad debido a la autoridad a quien se ha apelado para hacer tal pronunciamiento. Pero esto no quita la necesidad de responsabilidad en la doctrina de un maestro o en el consejo de un pastor. El apóstol Santiago anota particularmente que a los maestros se les exigirá un estándar más alto de responsabilidad (Santiago 3:1).

Demasiado a menudo empleamos un doble estándar. Si un evangelista con don de sanidad ora por cien enfermos y personas que están agonizando, y dos de ellos son milagrosamente sanados, todo el mundo se entusiasma y comparte el testimonio de las dos personas en cuestión, sin tomar en cuenta a las otras noventa y ocho, que se fueron tan enfermos como habían llegado. Por otro lado, si un profeta ministra a cien personas, y noventa y ocho de ellas reciben una palabra exacta y específica, usted puede estar seguro de que aquellos amigos recordarán las dos profecías que fueron inexactas.

Al procurar que los ministros proféticos sean responsables, algunos cristianos desarrollan una mentalidad similar a la de una "cacería de brujas" en contra de los profetas en general, buscando descubrir todo error que sea hecho por un profeta en particular. Pero este no es el estándar bíblico de responsabilidad y solamente logrará colocar a los mismos investigadores en el peligro de que sus propios pecados y fallas sean expuestos para que el mundo las vea: *"Porque tal como juzguen se les juzgará, y con la medida que midan a otros, se les medirá a ustedes"* (Mateo 7:2). En consecuencia, todos los ministros deben mantener una actitud de gracia con los errores cometidos por otros, sabiendo que ellos mismos han cometido errores y, probablemente, cometerán muchos más.

Una definición de términos. Para clarificar nuestro entendimiento acerca de profecías falsas e inexactas, necesitamos definir nuestros términos. *Falso* es definido como algo que no es verdad, incorrecto, equivocado, deshonesto, mentiroso, infiel, engañoso, que no es real. Viene de una raíz latina que significa "engañar" –lo cual implica tener una motivación equivocada, una intención de engañar.

Por otro lado, *inexacto* se define simplemente como impreciso, no exacto, no de acuerdo a la verdad, erróneo. Decir que una palabra es inexacta no implica nada acerca del motivo o de la intención de la persona que habla. Solamente dice que la palabra no está en línea con los hechos al ser considerados objetivamente.

Hay que admitir que estas dos definiciones coinciden en parte; el uso común contemporáneo de la palabra *falso* se aplica a una declaración incorrecta sin tener en cuenta la razón. Por esto, creo que haríamos bien en mantener estos dos calificativos bien claros, a modo de enfatizar la diferencia entre los hechos externos y los motivos internos, entre el contenido de una profecía y el carácter de la persona que profetiza.

Por esta razón, reservo el término **profecía falsa** a las palabras habladas con motivos e intenciones equivocados, y *profeta falso* para un profeta, cuyo carácter es dudoso. *Falso* lleva en si la connotación de engaño, mentira, motivación equivocada. Cuando un ministro es calificado como falso, el término toma en cuenta su estilo de vida, su doctrina, integridad y su espíritu.

Por otro lado, utilizo la palabra **inexacta** para describir una palabra profética que no coincide con los hechos que han sido establecidos. Decir que una declaración profética particular es inexacta solo toma en cuenta la exactitud de la palabra hablada, no el carácter del ministro.

Profecías aparentemente inexactas. Cuando tratamos con profecías inexactas, es extremadamente importante justificar la inexactitud de una palabra profética antes de emitir el juicio de que esta es equivocada. Muchas profecías parecen ser inexactas cuando son dadas, pero prueban ser verdaderas desde la perspectiva que se obtiene cuando transcurre suficiente tiempo y experiencias. Varios ejemplos bíblicos ilustran esta realidad.

Posiblemente, el caso más claro de este tipo de profecía en el Nuevo Testamento es la profecía de Jesús con respecto a Lázaro (Juan 11:4), quien murió de una enfermedad. (Recuerde que la definición de profecía es "Dios hablando", así que esta definición también califica aquí). Jesús dijo a sus discípulos: *"Esta enfermedad no terminará en muerte, sino que es para la gloria de Dios, para que por ella el Hijo de Dios sea glorificado"*.

Imagínese lo que los discípulos pensaron cuando descubrieron que Lázaro estaba muerto. Ellos podrían haber fácilmente acusado a Jesús de haber dado una profecía inexacta diciéndole con insistencia: "Tu dijiste que la enfermedad no terminaría en muerte, pero Lázaro de hecho ha muerto". Solamente algunos días más tarde, cuando fueron testigos de la resurrección de Lázaro, estaban ellos en la posición de juzgar si el pronunciamiento profético de Jesús había sido exacto verdaderamente.

Algunas veces debemos esperar para entender. Esta ilustración debe enseñarnos que no siempre entendemos inmediatamente el verdadero significado de un término en particular dado en una declaración profética. Aunque podemos aprender a interpretar la terminología profética común (para leer más sobre este asunto, vea el capítulo número 11 del primer tomo de esta serie, *Los Profetas y La Profecía*

Personal), Dios puede usar una palabra o frase con otra intención de la que podríamos normalmente esperar. Así que a menudo, tenemos que esperar y dejar que el tiempo y la experiencia aprueben o desaprueben una palabra.

En este caso, por ejemplo, la afirmación de Jesús de que la enfermedad no "terminaría en muerte" no significaba del todo que Lázaro no moriría. Los discípulos solamente asumieron que ese era el significado porque, hasta ese momento, su experiencia no había normalmente incluido la resurrección de un hombre. Una vez que ellos tuvieron suficiente experiencia, pudieron entonces juzgar la exactitud de la palabra.

He podido escuchar profecías similares acerca de finanzas, matrimonios, embarazos y sanidades que, superficialmente, parecían decir que todo al final saldría bien. Pero se cumplieron en bancarrota, divorcio, aborto o mientras los síntomas físicos empeoraban, antes de que todo finalmente saliera bien.

La palabra de Isaías a Ezequías. Un segundo ejemplo bíblico de ese tipo, lo encontramos en el Antiguo Testamento. Cuando el rey Ezequías de Judá cayó seriamente enfermo, vino palabra del Señor al profeta Isaías para decirle al rey: *"… vas a morir; no te recuperarás"* (Isaías 38:1). Pero después de que Ezequías rogó a Dios que extendiera su vida, el Señor envió a Isaías a decirle al rey: *"… voy a darte quince años más de vida"* (v. 5). Esta segunda palabra fue enfática, acompañada por la milagrosa señal de que el sol volvió diez grados atrás en su trayectoria.

Ahora imagínese a sí mismo en el lugar de aquellos que pueden haber escuchado la primera profecía, pero que no estuvieron alrededor para escuchar la segunda. Cuando Ezequías se dispuso a sobrevivir otros quince años, usted probablemente hubiera juzgado la primera profecía de Isaías dada al rey como inexacta. Solamente si hubiera tenido la experiencia adicional de estar presente para la segunda palabra profética, estaría en la posición de juzgar la primera palabra correctamente.

Una profecía dada en circunstancias como esta, si es dada en un lugar público o se comparte de una manera extensa por todos lados, puede llevar a muchos a tropezar, si estos asumen que poseen todo el conocimiento requerido para hacer un juicio justo sobre su exactitud. Muchas veces la exactitud de una palabra profética puede solamente ser determinada por aquellos que conocen bien la situación y lo que sucedió después en los días que siguieron.

La palabra condicional de juicio de Jonás. Una experiencia similar la vemos en el pronunciamiento divino de Jonás sobre la ciudad de Nínive. La palabra era verdaderamente de Dios y no contenía condiciones. No dijo: "Si te arrepientes, no serás destruido"; simplemente dijo: "En cuarenta días, Nínive será destruida". Pero cuando Nínive se arrepintió y buscó la misericordia de Dios, Él detuvo el juicio sobre la ciudad, y esto ocasionó que Jonás se preocupara de su reputación. Y no nos extrañemos de que se preocupó, porque, con seguridad, para muchos observadores, debió parecer que Jonás había profetizado de manera inexacta.

La verdad del asunto, sin embargo, fue que la profecía era realmente verdadera, pero no llegó a cumplirse debido a que en ella había condiciones no expresadas establecidas de parte de la misericordia de Dios. Solamente aquellos que conocieron la historia completa pudieron juzgar la palabra correctamente.

Nosotros debemos ser cuidadosos en nuestros días de no juzgar una palabra como si no proviniera de Dios, simplemente porque se dio una predicción sin imponer condiciones para su cumplimiento, y esta no se cumplió. La respuesta humana que se da a una palabra puede confirmarla o cancelarla, aun cuando para ello no se hayan dado condiciones explícitas.

Un ejemplo reciente. Uno de los miembros de nuestro equipo profetizó en una ocasión a una hermana, acerca de un ahorro de dinero que ella tenía, diciéndole que Dios le daría a ella sabiduría sobre cómo invertirlo. El pastor de la hermana pensó que la palabra estaba equivocada porque él conocía bien sus circunstancias financieras, y ella vivía solamente del pago que recibía de fecha en fecha.

Sin embargo, cuando ella le consultó acerca del asunto después que la profecía fue dada, él descubrió que no conocía todos los hechos necesarios para emitir un juicio. En realidad, ella había recibido una cantidad inesperada de dinero que fue muy sustancial. La palabra se aplicó a su situación perfectamente.

Muchas profecías son dadas en situaciones similares. Por eso, no debemos ser demasiado rápidos en juzgar una palabra como inexacta solamente por la información que poseemos. El tiempo y la experiencia pueden probar que nosotros estamos equivocados y que la profecía es correcta.

Profecías aparentemente inexactas. Aun en el Antiguo Testamento, que tiene estrictos estándares para la exactitud profética, encontramos que un profeta de estatura nacional dio una vez dirección equivocada a un rey, pero no fue acusado como profeta falso o apedreado por su error. Esta situación se dio cuando el rey David dijo al profeta de su corte, Natán, que él quería construir un templo para el arca del pacto (1 Crónicas 17:1-4).

Natán replicó: "Haz todo lo que está en tu corazón, porque Dios está contigo". Sin embargo, esa misma noche, la palabra de Dios vino al profeta, corrigiéndolo y enviándole a decir a David: "...*así dice el Señor: No serás tú quien me construya una casa para que yo la habite*" (v. 4).

Una palabra presuntuosa. Cierto es que la primera palabra que Natán dio al rey no fue precedida por la frase "así dijo el Señor". Sin embargo, el profeta atribuyó la directriz a Dios, y el texto bíblico parece enfatizar que el rey estaba hablando a Natán como profeta. Cuando Natán le habló a David, él habló con autoridad desde su posición como profeta, así como David le habló a Natán desde su posición como rey. Por lo tanto, podemos decir que esto fue una palabra presuntuosa, dada del propio espíritu de Natán más que del Espíritu Santo.

La segunda palabra dada a David claramente contradijo la primera, mostrando que aquella estaba equivocada y debía, por lo tanto, ser rechazada. Pero La Biblia no hace mención de que Natán se disculpara o reconociera ante David y el liderazgo de Israel que su palabra inicial era un error. Evidentemente, tal acción no era necesaria; según lo que La Biblia nos dice, el incidente no dañó la reputación de Natán como profeta de Dios.

Este caso se hizo evidente más tarde cuando Natán confrontó a David con sus pecados de adulterio y de asesinato por su lujuria con Betsabé (2 Samuel 11). Debido a que Natán se "equivocó" una vez anteriormente, David pudo haber estado a la defensiva y criticar el ministerio profético de Natán, recordándole su error anterior como una excusa para rechazar su reprimenda. Pero David, en lugar de eso, recibió rápidamente la corrección, indicando que su autoridad profética no había sido disminuida por su error anterior. David reconoció que Natán todavía había sido enviado por Dios con autoridad divina y aprobación. Así el profeta ministró la corrección al rey como un vocero del Señor.

Los discípulos en Tiro profetizan a Pablo. Cuando Pablo regresó a Jerusalén desde Asia en su último viaje misionero, él se detuvo en Tiro para visitar a los creyentes de ese lugar. La Escritura nos dice que estos discípulos *"por medio del Espíritu, exhortaron a Pablo a que no subiera a Jerusalén"* (Hechos 21:4). El propósito principal de este viaje fue recolectar una ofrenda para la Iglesia de Jerusalén entre los creyentes en otras ciudades (Hechos 24:17; Romanos 15:27). Pablo, seguramente, pudo haber enviado este dinero a través de otras manos, sobre todo después haber sido ya advertido varias veces de los peligros que le esperaban en Jerusalén. Pero a los ojos del apóstol, esta era una ofrenda especial con un destino especial, que venía de creyentes, predominantemente gentiles, a quienes Pablo había ministrado.

Esta ofrenda en particular mostró a los líderes, de una manera tangible, la gratitud de los creyentes gentiles hacia aquellos en medio de los cuales el evangelio se había originado. Pablo no solamente estaba llevando asistencia financiera; él estaba declarando unidad en medio de mutuos y continuos malos entendidos entre los creyentes judíos y gentiles que plagaron la Iglesia Primitiva. Así que, su disposición de llevar la ofrenda personalmente fue una verdadera señal de autosacrificio y de paternidad espiritual en el Cuerpo de Cristo.

Con este santo objetivo en mente, nosotros vemos que Pablo se convenció de que su decisión de ir a Jerusalén era del Espíritu Santo. Él previamente había declarado acerca de esta misión que iba *"obligado por el Espíritu"* (Hechos 20:22). Entonces, ¿por qué los discípulos en Tiro dijeron "a través del Espíritu" que él no debía ir? (las ramificaciones de este dilema en particular se discuten en más detalle bajo la pregunta n.7).

Aplicación humana añadida a revelación divina. Creo que estos cristianos verdaderamente habían recibido una revelación de Dios, a través del Espíritu, que Pablo padecería sufrimientos si viajaba a Jerusalén. Esto fue muy exacto. Mi experiencia personal y el conocimiento de cómo se recibe revelación pura y de cómo luego es expresada a través de vasos humanos imperfectos me hacen saber que ellos pudieron haber dado su propia aplicación e interpretación de lo que Dios les había revelado. En lugar de simplemente decir que le esperaba peligro a Pablo en Jerusalén, ellos le dijeron que no debería ir. Así su comprensible deseo de protegerlo resultó en una aplicación generada en su propio corazón, más que generada en el Espíritu Santo de lo que el Espíritu estaba buscando expresar por medio de ellos.

La Biblia no registra condenación alguna de estos cristianos en Tiro por su aparentemente inadecuada interpretación. Pablo no envió una carta a sus ministros colegas previniéndoles de tener cuidado de cualquier profecía que viniera de los discípulos en Tiro. Tampoco la iglesia allí envió un reporte sobre Pablo diciendo que él estaba haciendo su propia voluntad y en rebelión contra la revelación profética de Dios. Estas personas que profetizaron no murieron apedreados o acusados de ser falsos profetas. Más bien, basados en la evaluación de la palabra que dieron a Pablo –como lo evidencia su respuesta a ella–, habían errado al dar una profecía personal.

La profecía de Agabo a Pablo. Algunos días después que Pablo recibió la profecía en Tiro, recibió otra palabra en su camino hacia Jerusalén por parte del profeta Agabo, a quien encontró en Cesarea. Este profeta del Nuevo Testamento tomó el cinto de Pablo, ató sus propias manos y pies con él, y dijo: *"De esta manera atarán los judíos de Jerusalén al dueño de este cinturón, y lo entregarán en manos de los gentiles"* (Hechos 21:11).

Dentro de esta profecía, hay dos detalles particulares que parecen no haberse cumplido literalmente de acuerdo a la narrativa bíblica. El primero involucra la palabra *atar*, la cual en griego aquí significa "atar, amarrar o estar atado". La segunda cuestión involucra la palabra griega que se traduce "entregar", la cual significa "rendirse o transmitir". Intrínseco al sentido de esta última palabra, está la idea activa, consciente y voluntaria de pasar algo a alguien o alguna cosa a otra persona; se emplea así todas las ciento diecinueve veces que esta palabra se usa en el Nuevo Testamento.

Cuando leemos más tarde en Hechos lo que le pasó a Pablo en Jerusalén (v. 17-46), encontramos que estos dos detalles son inexactos. Los judíos de hecho no ataron a Pablo ni lo entregaron a los romanos. En lugar de eso, los romanos lo tomaron y lo ataron ellos mismos (v. 33), "rescatándolo" de aquellos contra su voluntad, tal como el capitán romano también reportó después en una carta al gobernador (Hechos 23:27).

¿Fue exacta? Debemos anotar aquí que era un hábito en los escritores bíblicos mencionar el cumplimiento específico de una profecía, como de hecho lo hizo Lucas cuando el mismo profeta Agabo, en otra ocasión, correctamente predijo la llegada de una hambruna (Hechos 11:28). Pero Lucas registra los eventos del arresto de Pablo en Jerusalén en Hechos 22 sin comentarlos.

Si la palabra fue inexacta, ¿qué podemos decir acerca de la habilidad y obligación que tenían los ancianos en Cesarea de juzgar esta profecía? Entre los presentes, se encontraban el evangelista Felipe, sus cuatro hijas, quienes eran proféticamente perceptivas, y varios otros ancianos que viajaban con Pablo (Hechos 20:4) ¿No deberíamos esperar acaso que ellos dijeran algo al discernir que un profeta estaba hablando una palabra equivocada a su apóstol?

La situación es más confusa por el hecho de que Pablo reportó más tarde a los líderes judíos en Roma que fue *entregado* (la misma palabra griega) como prisionero desde Jerusalén en las manos de los romanos (Hechos 28:17). Si el uso profético de la palabra *entregado* fue inexacto, entonces, ¿por qué el mismo Pablo describe el evento de esta manera?

Tal vez, la mejor lección que podemos aprender de esta situación es que deberíamos evitar evaluar todo pequeño detalle de una palabra profética para determinar su exactitud. Detalles tales, como aquellos que fueron aparentemente inexactos en las profecías de Agabo, pueden hacer poca diferencia en el punto de vista total que Dios está tratando de hacer ver. Así que, no debemos ser rápidos al juzgar una profecía como inexacta, simplemente sobre la base de puntos insignificantes.

Humildad y responsabilidad. Ya que todos los ministros proféticos son falibles y están sujetos a cometer errores, nuestra mejor estrategia es cultivar un espíritu de humildad mientras ministramos, que permita investigación y corrección. Debemos mantener también relaciones responsables con un supervisor espiritual y con otros líderes en el Cuerpo de Cristo.

Todas las profecías personales en las conferencias de CI-NPM son grabadas. De esta manera, la persona que profetiza puede luego responsabilizarse por lo que dijo, y el pueblo que escucha la profecía puede ser responsabilizado de malinterpretarla, aplicarla mal o fallar en recordar correctamente lo que escucharon.

Además, dondequiera que miembros de CI-NPM ministran

fuera de su propia iglesia u organización, se les pide dejar un formulario de evaluación al ministro presidente o al ministro anfitrión del lugar. Este formulario confidencial se envía luego directamente al obispo de la red para revisión. Creemos que estos dos métodos contribuyen a tener un sistema de responsabilidades adecuado para poder tratar con palabras inexactas.

Dando seguimiento a palabras aparentemente inexactas. El seguimiento adecuado a una palabra inexacta depende, en gran medida, del tiempo, el lugar y el contexto en que la palabra fue dada. Si se dio, por ejemplo, en una iglesia local, para darle un seguimiento adecuado, se debe involucrar a los ancianos locales, al ministro profético y a su supervisor espiritual, así como a la persona que recibe la profecía.

Si la audiencia que escuchó la palabra inexacta fue local más que a nivel nacional, no hay razón para que se le dé seguimiento nacional al asunto. Pero si la palabra fue publicada a nivel nacional en un medio impreso o en una transmisión, hay necesidad de que se le dé un seguimiento público de parte de la misma audiencia.

¿Cuál es el motivo? Debemos examinar la motivación que se tiene para dar tal seguimiento. ¿Se hace necesario que se le dé seguimiento a la profecía para ayudar a la persona que la recibió? Si la profecía genera confusión o duda, debe entonces dársele consejería. Por otra parte, puede haber otros motivos menos útiles. Por ejemplo, ¿está alguien simplemente tratando de probarle al profeta que estuvo lejos de dar en el blanco?

La Escritura dice: *"No admitas ninguna acusación contra un anciano, a no ser que esté respaldada por dos o tres testigos"* (1 Timoteo 5:19). Esto se hace así, para proteger a los líderes que pueden ser calumniados con reportes falsos. Nosotros debemos ser cautos en recibir con rapidez una acusación contra la moral sexual o la integridad financiera de una persona; de la misma manera, debemos evitar desprestigiar el ministerio de alguien declarando que él o ella han dado una falsa profecía, cuando los hechos no dan soporte absoluto a la acusación. Y aun cuando se haya comprobado que una palabra es inexacta, los creyentes maduros deben darle seguimiento, ya que ellos entienden que el propósito de Dios para disciplinar es redentor y conciliatorio.

Si una profecía inexacta es dada públicamente en una iglesia local, a la congregación debe dársele una perspectiva balanceada del asunto que coloque la palabra en el contexto entero del ministerio del profeta que la dio. Si al pueblo se le informa acerca de todas las profecías acertadas y de la calidad del ministerio que ha tomado lugar, además de la palabra no acertada, esto prevendrá que algunos desarrollen una actitud de desconfianza hacia un profeta verdadero de Dios.

2. ¿QUÉ SUCEDE CON LAS PROFECÍAS QUE PARECEN CONTRADECIRSE UNA CON LA OTRA?

Cuando observamos las profecías mesiánicas del Antiguo Testamento, podemos entender por qué el pueblo de Dios puede haber estado confundido o dudoso acerca de algunas de ellas. Algunas de las palabras que profetizan la vida y el ministerio de Jesús parecen, en la superficie, ser contradictorias o aun excluirse mutuamente.

Por ejemplo, el profeta Miqueas dijo que el Mesías nacería en Belén (Miqueas 5:2), sin embargo, el profeta Isaías dijo que su luz brillaría en Galilea de los gentiles (Isaías 9:1-2). Además, el profeta Oseas predijo que el Hijo de Dios saldría de Egipto (Oseas 11:1). Resultó una confusión que llevó a algunas personas a dudar del mesianismo de Jesús (Juan 7:41-43). ¿Cuál de estas profecías fue verdadera?

Resultó, por supuesto, que todas ellas fueron profecías genuinas cumplidas a través de la vida de Jesús. Pero, solamente después de que todo pasó, fue claro cómo estas palabras, aparentemente contradictorias, podían todas ser verdaderas.

Algunas veces los hechos superficiales parecen contradecir la exactitud de una profecía o la validez de su cumplimiento. Los fariseos y los teólogos, por ejemplo, declararon que Jesús no podía ser el cumplimiento de las profecías concernientes al verdadero Profeta-Mesías, porque no había profecías acerca de su nacimiento y desarrollo en Nazaret de Galilea. Por eso, la información superficial que ellos conocían los llevó a rechazar a Jesús.

El hecho que estaba encubierto en el asunto, sin embargo, fue que Él realmente nació en Belén de Judá, lo cual estuvo de acuerdo con las profecías mesiánicas. Así que la presunción de los fariseos y otros los condujo a perderse el cumplimiento de la profecía cuando esta tuvo lugar.

Nosotros hemos visto a Dios juzgar profetas por dar profecías presuntuosas. ¿Qué entonces hará Él a aquellos que declaran presuntuosamente que profecías verdaderas son falsas?

¿Siervo sufriente o rey conquistador? Podemos tomar un segundo ejemplo de las profecías mesiánicas. El profeta Isaías dijo que el Mesías sería un siervo sufriente, herido, golpeado y asesinado para nuestro bien (Isaías 53:4-9). El profeta Daniel, sin embargo, vio al Mesías, a quien llamó el Hijo del Hombre, venir en nubes de gloria como Conquistador y Liberador (Daniel 7:13-14). La aparente diferencia entre estas dos figuras del Mesías llevó a aún más gente a tropezar en su entendimiento de Jesús. Si el Mesías debía venir con poder, ¿cómo podía Jesús ser el Mesías?

De nuevo, resultó que ambas imágenes proféticas eran verdaderas. Pero para que se cumplan, el Mesías debe venir dos veces: la primera vez como siervo sufriente, la segunda como Rey Conquistador. La mentalidad que el pueblo tenía en los días de Jesús evitó que muchos lo aceptaran, porque la realidad acerca del Mesías era más complicada de lo que habían anticipado, aun cuando la profecía había predicho ambas venidas del Señor.

Se necesita paciencia para llegar a obtener las profecías personales progresivas. He sido testigo de que algunos han sido desalentados en relación a sus profecías o que, aun más, las han rechazado, debido a su aparente confusión, contradicción o por su cumplimiento parcial. Para evitar tal desaliento, debemos mantener en mente un principio importante de las declaraciones proféticas: no todas las afirmaciones hechas dentro de un mismo flujo de palabras proféticas serán cumplidas, necesariamente, en el orden hablado o dentro de un marco de tiempo particular.

Considere, por ejemplo, el flujo de palabras proféticas de Isaías acerca del ministerio del Mesías, registrado en Isaías 61:1-2:

> El Espíritu del SEÑOR omnipotente está sobre mí, por cuanto me ha ungido para anunciar buenas nuevas a los pobres. Me ha enviado a sanar los corazones heridos, a proclamar liberación a los cautivos y libertad a los prisioneros, a pregonar el año del favor del SEÑOR y el día de la venganza del nuestro Dios.

Jesús leyó esta profecía en voz alta en la sinagoga y declaró que se estaba cumpliendo en Él (Lucas 4:16-21). Sin embargo, Jesús no citó el texto completo de la profecía. Él realmente se detuvo a la mitad de la oración, porque la parte de la profecía que Él estaba cumpliendo en su primera venida se detenía en la frase *"a pregonar el año del favor del SEÑOR"*. Una porción subsiguiente de esa oración –*"y el día de la venganza del Dios nuestro"*– también se aplicaba a Él, pero no será cumplida sino hasta la segunda venida de Cristo como juez de la tierra. De este modo, aun dentro de una sola oración o profecía, dos eventos que están apartados por miles de años pueden ser predichos.

Los fariseos pudieron haber acusado a Jesús de no citar y aplicar adecuadamente la profecía mesiánica de acuerdo a su propia y rígida interpretación y aplicación de ella. Fácilmente, ellos pudieron haber dicho: "Pero ¿qué hay acerca de 'el día de la venganza de nuestro Dios'? ¿Por qué no mencionaste eso? No vemos tu juicio divino pronunciado sobre el mundo, y si no estás completando todas las declaraciones de esta profecía juntas, entonces no se aplica a ti".

Ahora bien, conociendo como sabemos que la segunda venida traerá el "día de la venganza del Dios nuestro", nosotros podemos ver que tal acusación por parte de los fariseos podía solo haber reflejado su propio y limitado entendimiento y débil experiencia del proceso profético. Ellos podían rechazar la idea de que la profecía de Isaías se aplicaba exactamente a Jesús, debido a que no conocían los dos mil años que estaban entre las dos partes de esa sencilla sentencia profética. Lo mismo fue verdad para el fluir de declaraciones proféticas que el ángel Gabriel profetizó personalmente a María, la madre de Jesús:

Quedarás encinta y darás a luz un hijo, y le pondrás por nombre Jesús. Él será un gran hombre, y lo llamarán Hijo del Altísimo. Dios el Señor le dará el trono de su padre David, y reinará sobre el pueblo de Jacob para siempre. Su reinado no tendrá fin (Lucas 1:31-33).

Varias de estas declaraciones, aunque todas fueron habladas en la misma ocasión, se aplican a un tiempo y una época de cumplimiento diferentes. La palabra profética acerca de la concepción de María fue cumplida inmediatamente. La palabra acerca del nacimiento de Jesús, tuvo lugar más tarde en el tiempo normal de los nueve meses después de la concepción. Y las declaraciones acerca del Reino Eterno de Jesús todavía deben ser cumplidas.

Con estos ejemplos en mente, debemos recordar que así como no debemos juzgar tan rápidamente las profecías como inexactas, tampoco debemos precipitarnos a juzgarlas como contradicciones. Podríamos simplemente no tener suficiente información para emitir el juicio. El tiempo y la experiencia pueden probar bien, como sucedió con las profecías mesiánicas, que las palabras proféticas eran contradictorias solamente en apariencia. Aquellas que parecían ser mutuamente excluyentes ahora pueden mostrarse a sí mismas como complementarias en la medida que Dios haga las cosas en su tiempo.

La vida tiene épocas diferentes. Mantenga en mente que la vida tiene diferentes épocas, y que cada una es única. Una profecía puede hacer referencia a una época determinada en la vida de una persona, y otra profecía, a otra estación diferente. Así que si una palabra, por ejemplo, habla acerca de abundancia financiera, mientras que otra predice tiempos difíciles, estas probablemente no se contradigan, sino que más bien, describan diferentes períodos de tiempo en el futuro.

También tenga cuidado de querer ver en las palabras más de lo que dicen. Algunas veces las contradicciones se dan realmente en las cosas que asumimos acerca de lo que las palabras proféticas dicen, y no en lo que ellas dicen verdaderamente. Por ejemplo, una profecía puede decir que una persona tiene un llamado a ser profeta, mientras que otra dice que él tiene un corazón de pastor, y otra dice que él hará trabajo de evangelista. Aparte de la posibilidad de que estos tres ministerios puedan tener lugar en diferentes estaciones de su vida, debemos hacer notar que tener un "corazón de pastor" no es lo mismo que ser llamado al oficio de pastor, ni "hacer el trabajo de un evangelista" es lo mismo que ser llamado como evangelista. Si asumimos que tres tipos diferentes de llamado al ministerio de cinco oficios han sido profetizados a la misma persona, podríamos concluir que las profecías se contradicen una a otra. Pero si prestamos atención cercana a lo que exactamente fue dicho, las aparentes contradicciones desaparecen.

Por ejemplo, si yo hubiese recibido varias profecías de personas diferentes cuando fui adolescente, y cada profecía hubiera descrito un aspecto diferente de los varios ministerios que he tenido durante cuarenta años, hubiera podido confundirme o pensar que los profetas se contradecían el uno al otro. Uno pudo haber profetizado que sería pastor; otro, que yo enseñaría; otro, que yo sería profeta y otro, que haría un trabajo apostólico. Pudiera haber recibido palabras acerca de tener un ministerio itinerante y de ministrar en un solo lugar, acerca de pérdidas financieras y prosperidad financiera, y así por el estilo.

En esa edad y etapa de mi vida, hubiera gritado confundido: "¡¿Cuál es el ministerio al que he sido llamado?!". ¿Tendré un ministerio local o mundial? ¿Seré popular o seré perseguido, limitado en mis recursos o bendecido financieramente? Sin embargo, todas estas palabras proféticas pudieron haber sido exactas en describir una época de mi vida. Fui pastor por seis años y maestro en el Colegio Bíblico por cinco años. He hecho el trabajo apostólico de fundar y establecer el Colegio de Christian International y la Red de Ministros Proféticos. Mientras tanto, a través de mi vida ministerial completa, también he funcionado como profeta.

Si usted recibe varias profecías que parezcan confusas y contradictorias, no se desanime o las deseche. Solo permítale al tiempo y a la experiencia en la vida probar su exactitud.

3. ¿LA PROFECÍA SE LLEVA A CABO NORMALMENTE DE ACUERDO A LA EXPECTATIVA HUMANA?

Cristo fue el cumplimiento de cientos de profecías del Antiguo Testamento. Pero aun así, para hombres y mujeres en su entendimiento natural de estas profecías, fue difícil recibirlo como el Mesías (Juan 6:41; 10:24). Por esta razón, debemos concluir que una mente natural por sí sola no es suficiente para determinar cuando una profecía ha sido cumplida. Debemos tener un espíritu divino de revelación, así como debemos discernir correctamente el significado de La Escritura.

Tome otro ejemplo bíblico. Los escritores del Nuevo Testamento declararon, por el espíritu de revelación, que ciertas profecías del Antiguo Testamento fueron cumplidas por eventos que a veces contradicen meramente el entendimiento natural y las circunstancias.

El primer Pentecostés nos da una ilustración útil. Pedro habló por revelación cuando describió ese día como un evento "anunciado por el profeta Joel" en relación al derramamiento del Espíritu Santo (Hechos 2:16). Mientras tanto, aquellos que no tenían la revelación vieron el mismo evento y se preguntaron: *"¿Qué quiere decir esto?"* (vv. 12-13). Este fue un evento histórico sin precedentes, que cumplió profecías, pero muchos no percibieron su importancia y así se perdieron sus beneficios.

El profeta Isaías predijo la destrucción de Israel, diciendo que, a través de la invasión de Babilonia, Dios hablaría con juicio a su pueblo "en lengua de tartamudos y en lengua extraña" (Isaías 28:11). Esto de hecho tuvo un cumplimiento literal en la historia. Aun así, Pablo tomó la profecía y la aplicó para describir el don de lenguas dado por el Espíritu Santo a la Iglesia (1 Corintios 14:21). Aunque la aplicación del apóstol pueda parecer a la mente natural fuera de contexto y con la hermenéutica incorrecta, aun así debemos aceptar su interpretación como válida y divinamente revelada, porque es parte de Las Escrituras del Nuevo Testamento.

Un ejemplo personal. En una escala mucho menor, mi propia vida provee varias ilustraciones claras de cómo las profecías, a menudo, suceden de una manera diferente a la que nosotros mismos visualizamos. Una vez, por ejemplo, fui a visitar a un ministro para que me profetizara, agrandando mi fe con la certidumbre de que Dios me supliría una necesidad financiera desesperada. Faltaban dos días para que se venciera un pago de cuarenta mil dólares. Una declaración en la profecía que recibí dijo: "Yo supliré tu necesidad, porque negarte a ti sería negarte a mí mismo". Así que, me fui confesando que mi necesidad financiera sería satisfecha. Pero resultó que jamás pude hacer el pago. ¿Qué pasó? Le dije al Señor que Él no había cumplido la promesa profética que me había hecho. Dios respondió: "Sí lo hice. Cubrí la necesidad que prometí cubrir proféticamente a través de mi siervo. El problema es que tú pensaste que tu mayor necesidad era ese pago. Pero **yo** vi una necesidad aún mayor que ese dinero, y he cumplido fielmente". Él entonces iluminó mi mente para que pudiera ver cuán grande fue la necesidad que **satisfizo** esa noche, y aprendí de nuevo una antigua lección: el cumplimiento profético no viene siempre de acuerdo a nuestros deseos y expectativas.

4. ¿POR QUÉ DIOS PERMITE QUE SE MANIFIESTEN LOS FALSOS PROFETAS Y LA PROFECÍA FALSA?

Podríamos contestar la pregunta con una serie de otras preguntas, cuyas respuestas son todas las mismas: ¿por qué Dios permite falsos maestros y falsas enseñanzas? ¿Por qué hay herejías y cultos? ¿Por qué hay charlatanes y farsantes en la Iglesia?

La respuesta bíblica a estas preguntas es que Dios permite un falso ministerio por varias razones. Primero, Él prueba el corazón de su pueblo:

> Cuando en medio de ti aparezca algún prodigio o señal milagrosa, si esta señal o prodigio se cumple y él te dice: "Vayamos a rendir culto a otros dioses", dioses que no has conocido, no prestes atención a las palabras de ese profeta o visionarios. El Señor tu Dios te estará probando para saber si lo amas con todo el corazón y toda el alma. (Deuteronomio 13:1-3)

Mediante estas pruebas divinas se demuestra si el pueblo de Dios lo seguirá a Él o se irá tras un hacedor de milagros que los aparte de sus mandamientos y de su voluntad.

Segundo, Dios permite que lo falso aparezca porque el contraste entre lo verdadero y lo falso provee una oportunidad para discernir las diferencias claramente y resaltar lo que es verdad: *"Sin duda, tiene que haber grupos sectarios entre ustedes, para que se demuestre quiénes cuentan con la aprobación de Dios"* (1 Corintios 11:19).

Tercero, Dios permite que lo falso se levante como fuente de falsa ilusión y engaño para aquellos que son deshonestos: *"Además, como estimaron que no valía la pena tomar en cuenta el conocimiento de Dios, él a su vez los entregó a la desaprobación mental, para que hicieran lo que no debían hacer"* (Romanos 1:28).

Juicio y separación. Cuarto, Dios usa lo falso para traer juicio sobre el desobediente. Jeremías nos dice que, en sus días, los falsos profetas se habían multiplicado en medio del pueblo de Dios, causándoles que erraran y conduciéndolos a la inmoralidad. Pero ellos llegaron a ser una herramienta en manos de Dios para juzgar la maldad de su pueblo, porque falsamente anunciaron paz cuando de hecho Dios planeaba derrotar a la nación (Jeremías 23:9-40).

Finalmente, Dios permite que lo falso aparezca en medio de su pueblo para que Él pueda separar a aquellos que están comprometidos con sus propósitos de aquellos quienes solamente tienen curiosidad acerca de lo que está sucediendo. Usted puede estar seguro de que, cuando los líderes religiosos de los días de Jesús se levantaron en contra de Él, hablando falsamente y causando controversia, muchos que lo habían seguido hasta ese punto, simplemente para ver los milagros, cayeron en lugar de presionar para saber con certeza lo que era cierto. De una manera similar, creo que la controversia que ahora se da alrededor del ministerio profético se agudizará en los días que vienen, porque Dios nunca hace que lleguen las verdades presentes de una manera fácil. Así como en el ejército de Gedeón, el grupo de veintidós mil, aquellos a quienes se les desvanece el corazón y que se desalientan con facilidad ante desequilibrios extremos y errores tendrán una amplia oportunidad de "irse a casa" y rendirse al movimiento entero por los problemas de unos cuantos.

5. ¿CÓMO PODEMOS DETERMINAR Y PROBAR SI UNA PALABRA ES VERDADERA, TENER FE EN LA PALABRA DEL SEÑOR Y CREER EN SUS PROFETAS?

Al tratar de ser fieles así como responsables con la profecía personal, a veces encontramos un dilema. Por un lado, la actitud bíblica hacia recibir la profecía es positiva. Se nos manda a "no menospreciar las profecías" (1 Tesalonicenses 5:20). Somos alentados a creerle a los profetas de Dios para prosperar (2 Crónicas 20:20). Y entendemos que La Palabra de Dios no nos será beneficiosa si no es "mezclada con fe" en nuestro corazón cuando la recibimos (Hechos 4:2).

Por otro lado, Las Escrituras nos advierten de que no todas las palabras que dicen venir de Dios son verdaderamente inspiradas por el Espíritu Santo. En el versículo que sigue inmediatamente a la exhortación de Pablo de no menospreciar las profecías, él previene diciendo: *"Sométanlo todo a prueba"* (1 Teslonicenses 5:21). Cuando el apóstol le recuerda a los corintios que todos deben profetizar, él hace notar que sus palabras, sin embargo, irremediablemente serán juzgadas (1 Corintios 14:31-39). No podemos asumir con inocencia que cada pronunciamiento que reclame tener autoridad profética debe ser creído sin ser cuestionado.

Un dilema difícil. El dilema se agudiza cuando la palabra, si acaso es verdadera, pide una acción de parte del oyente. Por ejemplo, en el Antiguo Testamento, Dios ordenó una vez a un joven profeta ir de Judá a Betel y profetizar en contra del altar dedicado a los falsos ídolos del Rey Jeroboam (1 Reyes 13:1-32). Entonces, el Señor le dijo que debía regresar por una ruta diferente sin detenerse a comer o beber a lo largo del camino.

Sin embargo, un anciano profeta de Betel lo encontró en el camino y le mintió, diciendo que un ángel lo había instruido a que le dijera a este joven profeta que viniera a la casa del anciano para cenar. El joven profeta creyó que la palabra era de Dios, hizo lo que el anciano le dijo y murió bajo el juicio de Dios por su desobediencia. Su ingenuidad lo destruyó.

Una hambruna profetizada. Un ejemplo opuesto viene del Nuevo Testamento cuando el profeta Agabo profetizó en Antioquía que el mundo sufriría sequía y hambre. Los discípulos de la Iglesia que escucharon la palabra tenían dos opciones: podían actuar sobre la palabra en fe y obediencia levantando una ofrenda de ayuda para enviar a la iglesia en Judea. O podían esperar para ver si la palabra verdaderamente sucedía, pero si era así, ellos habrían perdido la oportunidad de responder.

Aparentemente, estos creyentes de la primera época de Antioquía estaban dotados con discernimiento y tenían testimonio corporativo tanto de Agabo como de su predicción. Se movieron en fe de acuerdo a la palabra que les había hablado, y la profecía, de hecho, se cumplió (Hechos 11:27-30).

Una gigantesca ola en la Florida. Para tomar un ejemplo más reciente, al final de 1970, una hermana profetizó que la nación de Guatemala sufriría un terremoto. Sucedió justo cuando ella lo había predicho. Así que, cuando un poco después, ella profetizó que el Estado de la Florida sería inundado por una gigantesca ola en una fecha particular, usted entenderá por qué algunos cristianos estaban aprehensivos a medida que el día señalado se aproximaba. Ya que la palabra anterior de la mujer había sido exacta, ellos se preguntaron: ¿deberíamos actuar sobre esta palabra saliendo de la Florida?

Una iglesia en particular estuvo tratando de obtener la mente de Cristo en el asunto, y les escuché decir que no habría tal gigantesca ola. Reporté esto a la iglesia, y después que los ancianos tomaron consejo juntos, decidieron quedarse. La ola nunca llegó.

Dos precauciones. ¿Qué debemos hacer en una situación similar? Para evitar el engaño de falsas profecías, podemos tomar dos precauciones. Primero, podemos llegar a ser educados y maduros en Las Escrituras y en el Espíritu para ejercitar discernimiento basado en la verdad bíblica y en un testimonio interno. Simplemente, no hay sustituto para la madurez espiritual y el entendimiento bíblico.

Cuando tenemos una relación cercana con Jesús, conocemos la voz del Pastor. Aun si nuestras palabras no entienden la palabra profética, nuestro espíritu será capaz de aceptarla o rechazarla. Podemos aprender a confiar en el testimonio interno de nuestro propio espíritu, tanto con la profecía misma como con el espíritu del que está profetizando.

Jesús dijo que las ovejas conocen la voz de su pastor, y que sus ovejas conocen su voz (Juan 10:1-16), pero las ovejas no nacen conociendo la voz del pastor. Aprenden a conocerla a través de una relación continua de escuchar y responderle. Lo mismo es cierto en nuestra relación con nuestro Pastor.

Segundo, debemos estar bajo la cobertura espiritual de un líder que pueda hablarnos con autoridad y ofrecer consejo sabio acerca de las profecías que recibimos. Nuestro pastor y otros líderes pueden ayudarnos a determinar si acaso una profecía es bíblica, exacta y dada en tiempo.

Los cristianos no deben ser crédulos o ingenuos, creyendo toda palabra que cualquiera habla en el nombre del Señor. Se levantarán, indudablemente, falsos profetas diciéndoles a algunas personas que se divorcien de su esposa, aconsejando a otros a hacer tratos de negocios desastrosos o poco éticos, alentando a otros a actuar en muchas maneras impías. Pero si nosotros "probamos" las palabras proféticas sujetándolas a La Escritura y a supervisores espirituales, Dios no juzgará nuestra respuesta como falta de fe; Él la honrará como una sabia obediencia a sus directrices en La Biblia.

Sabiendo que aparecerán falsos profetas, los cristianos deben, sin embargo, no plagarse a sí mismos de escepticismo o cinismo, de tal manera que duden aun de palabras del Señor que son verdaderas. Esta actitud únicamente los hará dudosos e indecisos, robándoles las promesas de Dios (Hebreos 3:18-19).

6. ¿LA PERSONA QUE RECIBE UNA PALABRA PROFÉTICA VERDADERA TENDRÁ SIEMPRE UN TESTIMONIO EN SU ESPÍRITU DE QUE LA PALABRA ES EXACTA Y QUE PROVIENE DE DIOS?

El testimonio interno del Espíritu a nuestro espíritu es una manera de determinar si un pronunciamiento profético es del Señor: *"El Espíritu mismo le asegura a nuestro espíritu que somos hijos de Dios"* (Romanos 8:16). Sin embargo, es probablemente la manera más subjetiva de discernir la verdadera profecía, ya que nuestro testimonio puede ser nublado por nuestros prejuicios o nuestra manera de pensar, nuestro conocimiento incorrecto o la incapacidad de conocer lo que hay en nuestro propio corazón. Toda persona tiene puntos ciegos.

El profeta Jeremías dijo que el corazón es engañoso sobre todas las cosas, así que tenemos dificultad en conocerlo verdaderamente. Por esta razón, no debemos descartar una palabra como inexacta o incorrecta simplemente porque no tenemos testimonio de ella. (Cómo determinar el verdadero testimonio en nuestro espíritu está cubierto con más detalle en los primeros dos volúmenes de esta serie).

Eliseo y Hazael. El profeta Eliseo profetizó una vez a Hazael, un comandante militar bajo el rey Ben Hadad de Aram, que él un día quemaría las ciudades de Israel y se cometerían atrocidades horribles en contra de su gente, tales como asesinar sus niños y abrirle el vientre a las mujeres embarazadas. Hazael respondió a esto con sorpresa, diciendo que él nunca haría tal cosa. Él no se sentía capaz de tal degradación, no pensaba que tal cosa podía estar en su corazón (2 Reyes 8:7-15). Pedro dio una reacción similar cuando Jesús le dio una profecía personal diciéndole que lo negaría.

No obstante, cuando Eliseo también profetizó que Hazael sería el próximo rey de Arám, este fue a ver al rey Ben Hadad, quien estaba seriamente enfermo y lo asfixió. Después de este cruel asesinato, de hecho se volvió rey y procedió a oprimir al pueblo de Israel durante todo su reinado, tal como el profeta había dicho (2 Reyes 13:22). Aparentemente, el asesinato estaba en el corazón de Hazael cuando Eliseo se lo profetizó, pero él mismo no conocía esa realidad y pensó que el profeta había hablado equivocadamente. Él fue engañado por su propio corazón y, de este modo, fue incapaz de atestiguar una palabra profética verdadera.

No conocemos nuestro propio corazón. Uno de nuestros miembros del CI-NPM recuerda la palabra que dio a un hombre acerca de su necesidad de sacar una raíz de amargura de su corazón perdonando a alguien. El hombre reaccionó bruscamente, insistiendo en que él amaba a todos y que no tenía nada contra nadie. Sin embargo, cuando tomó consejería posteriormente con el ministro profético, resultó que, de hecho, él había hecho varios juicios severos contra varias personas y no las había perdonado. Aunque pensó que conocía su propio corazón, no había reconocido inmediatamente el problema, aun cuando había sido confrontado directamente con él.

Nunca olvidaré una vez cuando estaba profetizando en una iglesia local a un hombre, cuyo pastor estaba parado directamente detrás de él cuando yo le ministraba. Cuando la palabra del Señor comenzó a tratar con ciertos problemas de su carácter y temperamento, el hombre comenzó a fruncir el ceño y a sacudir su cabeza, como diciendo: "No, no, no". Pero al mismo tiempo, su pastor estaba parado detrás sonriendo e inclinando su cabeza, como diciendo: "Sí, sí, sí". El pastor conocía mejor el corazón de ese hombre que el mismo hombre.

7. ¿EN EL MINISTERIO PROFÉTICO, SIEMPRE HAY UNA PALABRA DEL SEÑOR PURA O A VECES CONTIENE UNA MEZCLA DE OPINIONES, APLICACIONES E INTERPRETACIONES HUMANAS?

Tanto el registro bíblico como mi experiencia con numerosos ministros proféticos indican que aquellos que profetizan pueden a veces mezclar la pura palabra del Señor con sus propias ideas. Solamente Dios es infalible. Una posible explicación bíblica a esto es la que discutimos antes sobre el último viaje de Pablo a Jerusalén y las advertencias proféticas que recibió en el camino.

En ese viaje, Pablo le dijo a los ancianos de Éfeso: *"Y ahora tengan en cuenta que voy a Jerusalén obligado por el Espíritu, sin saber lo que allí me espera. Lo único que sé es que en todas las ciudades el Espíritu Santo me asegura que me esperan prisiones y sufrimientos"* (Hechos 20:22-23). En este y en otros pasajes (Romanos 15:25-31; Hechos 19:21), Pablo indicó que creía firmemente que este viaje y sus consecuencias en Jerusalén eran la voluntad de Dios para él, a pesar de las adversidades que involucraban. Sin embargo, los discípulos en Tiro le dijeron a Pablo "a través del Espíritu" que él no debía hacer el viaje (Hechos 21:4).

¿Qué paso? ¿Es el mismo Espíritu Santo el que expresa una serie de direcciones proféticas opuestas para la misma persona y situación? ¿Cómo conciliamos la declaración de Pablo de que "**estaba obligado por el Espíritu**" para ir a Jerusalén con la declaración de los discípulos en Tiro, previniéndole "**a través del Espíritu**" de que no debía ir?

Las pruebas de Dios. Podemos sugerir un par de posibles soluciones a este acertijo. Una podría ser que el Espíritu Santo inspiró a los discípulos en Tiro para que le dijeran a Pablo que no fuera a Jerusalén, como una manera de probar su compromiso en cumplir los propósitos de Dios hacia él, a pesar de la amenaza de sufrimiento, persecución, prisión y muerte. De hecho, hay antecedentes bíblicos que revelan la posibilidad de que Dios nos da la opción de hacer menos de lo que su más alto propósito es para nuestra vida.

Por ejemplo, Dios y Elías querían que Eliseo recibiera y llevara a cabo el ministerio profético de aquel. Pero Elías dio a Eliseo tres opciones y oportunidades de detener el hecho de recibir el manto profético. Jesús dio la misma opción a los doce cuando otros discípulos comenzaron a dejarlo; Él les pregunto a ellos: "*¿También ustedes quieren marcharse?*" (Juan 6:67). Y Gedeón, bajo la dirección de Dios, dio a sus treinta y dos mil soldados la oportunidad de irse a casa y no a la batalla. Unos veintidós mil escogieron no ir por ese camino con Gedeón y con Dios.

Numerosos textos de Las Escrituras nos dicen que Dios prueba, trata y supervisa al justo. La primera profecía personal que Pablo recibió después de su conversión declaró que él sufriría grandes cosas por la causa de Cristo y su Iglesia. Así que, los discípulos en Tiro pudieron bien haber sido instrumentos de Dios para probar la dedicación de Pablo para cumplir su profecía original.

Una mezcla de palabras inspiradas por Dios y palabras meramente humanas. Otra explicación de la aparente contradicción entre lo que Pablo escuchó de Dios y lo que los discípulos en Tiro escucharon de Dios podría considerarse un ejemplo de cómo palabras inspiradas por el Espíritu y palabras humanamente inspiradas podrían estar entretejidas en una expresión profética. Tal vez, lo que los discípulos recibieron a través del Espíritu fue la misma palabra que Pablo y otros habían recibido acerca del inminente peligro para el apóstol en Jerusalén. Tal vez, a causa de su amor por Pablo, los discípulos habían llegado a añadir a esta palabra que era pura el que no fuera allá (sus compañeros de viaje ya le habían urgido en una manera similar, Hechos 21:11).

El envolvimiento emocional y el deseo personal son dos circunstancias que frecuentemente obstaculizan la expresión pura de la profecía. Así que, es razonable imaginarse que los cristianos de Tiro hayan permitido que sus propias emociones naturales y sus presunciones acerca de cuál era la voluntad de Dios para su amigo creen un flujo impuro de la palabra profética.

A través de muchos años de dar incontables profecías personales y trabajar con numerosos profetas, he descubierto que es ciertamente posible que esta mezcla de pensamientos humanos y pensamientos divinos se dé. A veces los cristianos pueden sentir exactamente algo en sus espíritus y, al mismo tiempo, fallar en recibir una palabra divina de sabiduría para interpretar y aplicar adecuadamente lo que están sintiendo. Requiere años de experiencia profética para obtener la madurez y la sabiduría espiritual para describir correctamente y aplicar adecuadamente nuestras percepciones proféticas.

Ilustraciones contemporáneas. Para tomar un ejemplo más reciente, recuerdo una situación en la cual uno de nuestros ministros profetizó a un hombre acerca de la reconciliación de alguien cercano a él. El que estaba profetizando asumió que significaba una reconciliación en el matrimonio del hombre. Él descubrió más tarde, sin embargo, que la palabra se refería acerca de una relación con el hermano de este hombre, quien estaba en pleito con él en una situación como la de Jacob y Esaú.

La palabra era correcta, pero la presunción del profeta acerca de su aplicación estaba equivocada. Si el profeta hubiera dado una interpretación y aplicación basada en sus propios pensamientos, habría dado una mezcla de interpretación humana con revelación diaria –diluyendo, de este modo, la pureza y exactitud de la palabra profética–. Esta es una causa de lo que yo llamo "profecía presuntuosa".

En otra ocasión, un "profeta en entrenamiento" estaba orando por una hermana que acababa de perder un hijo en un accidente, y estaba lamentándose y sintiéndose culpable acerca de eso. El individuo que profetizaba no sabía acerca de la tragedia, pero vio en el Espíritu una imagen de un columpio vacío y la madre mirándolo con una sensación de pérdida y dolor. Él entonces precedió a interpretar la imagen por sí mismo, y dijo que creía que la imagen significaba que la hermana había perdido su primer amor por Jesús y que Dios quería que regresara.

Este hombre dio la revelación correcta, pero la interpretación equivocada y, consecuentemente, sus palabras fallaron en ministrar vida a la dama. Con esto en mente, debemos recordar siempre, cuando profetizamos, compartir exactamente lo que vemos o sentimos en el Espíritu sin añadir una interpretación o aplicación de nuestro propio pensamiento.

8. ¿LOS PROFETAS ESTÁN DIVINAMENTE DOTADOS POR DIOS PARA MINISTRAR PROFÉTICAMENTE A CUALQUIERA QUE LLEGA DELANTE DE ELLOS PARA SER MINISTRADO?

El profeta es uno de los cinco ministerios al cual Cristo ha impartido una unción particular, que habita con la persona (Efesios 4:11). Los dones de Dios son regalados, no son prestados para ocasiones especiales. Los dones de Cristo simplemente capacitan el espíritu humano para operar dentro de las habilidades del Señor.

Los pastores, por ejemplo, no necesitan una unción especial para predicar cada domingo; ellos simplemente planean predicar y compartir la verdad que Dios pone en su corazón. Son pastores de sus ovejas veinticuatro horas al día, independientemente de cuándo el teléfono suene o cuál sea la necesidad. Como pastores ellos deben estar listos para ministrar en tiempos y fuera de tiempo (2 Timoteo 4:2).

Ministrando por fe. De la misma manera, la unción del profeta mora en él y puede ser tomada de allí por la fe en Cristo, para dar una palabra a individuos en necesidad –dondequiera y donde sea que se encuentren–. Como todos los ministros, el profeta debe, "según el don que ha recibido, ministrarlo para servir a otros". Como buenos administradores de la multiforme gracia de Dios, incluso hablan "conforme a las palabras de Dios" (1 Pedro 4:10-11). Pablo nos dice que si un hombre tiene el don *"de profecía, que lo use en proporción con su fe"* (Romanos 12:6). Cada atributo y habilidad divina –la profecía incluida– es recibido, activado y ministrado por fe. Así que, cuando alguien viene a un profeta necesitando ministración, este simplemente puede profetizar por fe, confiando que el don de Cristo que mora en él está disponible. Sin embargo, si un novato en el ministerio profético se ve a sí mismo como teniendo más fe y habilidad profética de la que realmente tiene, la persona puede dar muchas profecías presuntuosas, mientras trata de profetizar "por fe" en sus propios dones.

Los espíritus de los profetas están sujetos. Al mismo tiempo, *"el don de profecía está bajo control de los profetas"* (1 Corintios 14:32). La situación que ocasionó este comentario fue la de la necesidad de que los profetas en Corinto tomaran turnos al hablar; sin embargo, creo que revela la realidad general de que los espíritus de los profetas pueden sujetarse a sus voluntades, tanto para restringirse como para activarse.

Si este es el caso, entonces nosotros necesitamos evitar regulaciones religiosas sobre la palabra profética, que atenten limitar a Dios. Algunos, por ejemplo, proclaman que nosotros solamente podemos profetizar si primero tenemos algún sentimiento particular o una sensación física. Otros insisten que solamente de cinco a diez personas máximo pueden recibir ministerio profético en un determinado servicio.

De hecho, cuando fui ministrado por un presbiterio profético en el Colegio Bíblico en 1953, cerca de ochenta estudiantes habían ayunado por tres días en preparación para recibir una palabra profética. Ellos y muchos otros cristianos, hambrientos de escuchar La Palabra de Dios, estaban presentes en la reunión. Aun así, el ministro profético solamente llamó a dos personas, les ministró y luego cerró el servicio, sintiendo que el Espíritu Santo había terminado a pesar de los muchos que no recibieron el ministerio.

Por otro lado, mi experiencia y la experiencia de los ministros proféticos que he entrenado nos enseñan que podemos confiar en el don de Cristo que mora en nosotros por fe cuando lo necesitemos.

Puedo profetizar sobre cualquiera al cual impongo las manos debido al divino don del profeta —y es la gracia de Dios y la fe la que fluye proféticamente de esta manera—. Pablo dijo que debemos profetizar de acuerdo **a la medida** de nuestra fe (Romanos 12:6). No todos los profetas y el pueblo profético son dotados de la misma manera ni tienen ellos la misma cantidad de fe para ministrar cosas espirituales.

Cuando fui activado y enviado por primera vez al ministerio profético a la edad de 17 años, solamente tenía fe para profetizar profecías congregacionales. Después de que un mensaje profético particular me fue dado el siguiente año, una mayor unción fue activada en mí. Ser expuesto a la profecía personal incrementó mi fe para profetizar a individuos de vez en cuando. Pero mi fe y mi experiencia en el ministerio profético estaban limitadas a ministrar con otros ministros proféticos en presbiterios proféticos y, ocasionalmente, dando profecías personales a los individuos.

Cerca de una década después, sin embargo, la soberanía de Dios se movió sobre mí una noche en una reunión y me capacitó para profetizar personalmente a las ochenta y cinco personas allí presentes. En ese momento, pensé que esa sería la única experiencia de mi vida, pero dos semanas más tarde en otra reunión, profeticé a ciento cincuenta personas. Durante los siguientes diez años, ese nuevo entendimiento del ministerio profético me permitió la fe y la habilidad de practicarlo, y en 1979 comencé a entrenar a otros para que hicieran lo mismo.

Tratar de explicar en detalle cómo soy capaz de profetizar por fe en cualquier momento dado es tan difícil para mí como tratar de explicar los tecnicismos de cómo soy capaz de hablar, en mi espíritu, oración de lenguas en cualquier lugar y en cualquier tiempo que lo deseo (1 Corintios 14:14). No dudo de que no todos los profetas hayan tenido la misma experiencia ni hayan sido activados en este tipo de flujo profético. Pero las diferencias en el ministerio profético no nos hacen a nosotros mayores o menores profetas o pueblo profético. Solamente somos lo que somos y hacemos lo que hacemos por la gracia de Dios. (Para discutir adicionalmente sobre este tópico, ver el tomo 2 en esta serie, *Los Profetas y El Movimiento Profético*).

9. ¿ES POSIBLE PROFETIZAR EL DESEO DE UNA PERSONA, AUN SI ESTE DESEO ESTÁ EN CONFLICTO CON LA VOLUNTAD DE DIOS PARA LA VIDA DE ESA PERSONA?

Esta pregunta genera algunos aspectos difíciles, sin embargo, deben ser tratados. Podemos ser turbados por el hecho de que Dios algunas veces puede hacer —o al menos permitir— que un profeta hable sobre el cumplimiento del deseo de alguien, incluso cuando el cumplimiento no es lo mejor para esa persona. Sin embargo, Las Escrituras indican que a veces Él hace precisamente esto.

Debemos observar primero un principio más general en La Biblia, el cual es claro ya sea que el ministerio profético esté o no involucrado. Dios algunas veces nos da lo que deseamos, aunque no sea lo mejor para nosotros. Esta realidad es evidente en la parábola del hijo pródigo, en donde el padre —que representa a Dios el Padre— da a su hijo la herencia antes de tiempo, aunque sabe que causará la caída de su hijo (Lucas 15:11-31). De la misma manera, ahora podemos insistir en tener nuestra herencia de parte de Dios el Padre antes de que maduremos lo suficiente para manejarla adecuadamente.

También podemos encontrar ejemplos de esta verdad en la historia de Israel. Cuando los israelitas clamaron por un rey, Dios instruyó a Samuel para que ungiera uno para ellos, aunque claramente no era su voluntad (1 Samuel 8). El Señor quería alimentar a su pueblo solamente con maná en el desierto, sin embargo, ellos se quejaban continuamente y deseaban carne. Así que, Él les dio carne hasta que les salió por las narices y la vomitaron (Números 11:4-34). Y hemos discutido ya el ejemplo de Ezequías, quien suplicó y recibió una extensión a la duración de su vida –para tristeza de todo Israel (2 Reyes 21:1-17).

¿Puede un profeta profetizar realmente el cumplimiento de un deseo humano que no esté de acuerdo con lo mejor de Dios? Isaías hizo justamente eso con Ezequías, como Moisés con la carne para los israelitas. Y la unción de Samuel fue hecha bajo la orden de Dios en la autoridad del oficio profético. Dios hizo que Moisés profetizara codornices en abundancia, y que Samuel profetizara el reinado de Saúl, sin embargo, posteriormente, en la medida en que estas profecías fueron cumpliéndose, Él envió juicio sobre aquellos que recibieron y actuaron sobre estas profecías.

Dios puede enviar un engaño. Dos textos en Las Escrituras son especialmente desconcertantes, uno del Antiguo Testamento y uno del Nuevo. Dios le dijo a Ezequiel que les dijera a los ancianos de Israel:

> Por tanto, habla con ellos y adviérteles que así dice el Señor omnipotente: "A todo israelita que haya hecho de su corazón un altar de ídolos malolientes, y que después de haber colocado a su paso trampas que lo hagan pecar consulte al profeta, yo el Señor le responderé según la multitud de su ídolos malolientes (…) Si un profeta es seducido y pronuncia un mensaje, **será porque yo, el Señor, lo he seducido** (Ezequiel 14:4-9, énfasis del autor).

Los ídolos en el corazón representan los deseos obstinados y egoístas que el pueblo persiste en buscar. El texto de Las Escrituras parece indicar que aquellos que voluntariamente desobedecen a Dios, aunque busquen el ministerio profético, pueden bien tomar una palabra "manteniéndose" en sus idolatrías y deseos egoístas más que en la voluntad de Dios.

En el Nuevo Testamento, Pablo dice que a aquellos que rehúsan amar la verdad, *"Dios permite que, por el poder del engaño, crean en la mentira"* (2 Tesalonicenses 2:10-11, énfasis del autor). Aunque Satanás es el Padre de mentira, encontramos en este texto una indicación de que Dios puede a veces arreglar que el pueblo rebelde escuche una palabra que los aliente a creer la mentira que ya aman.

Esto parece también ser la implicación de la imagen profética con que el profeta Miqueas describe al malvado rey Acab. En esa ocasión, el rey había decidido que él quería atacar Ramot de Galaad, por lo que buscaba profetas que dieran alguna sanción divina a lo que él ya había propuesto en su corazón hacer. Miqueas vio en una visión celestial a Dios enviando un espíritu de mentira a su mente profetizando que él debería ir adelante y hacer el movimiento militar que deseaba (1 Reyes 22:19-23).

Prueba profética. Algunas veces una profecía probará nuestro corazón, para ver si cambiaremos para solo cumplir nuestros propios deseos egoístas. Nosotros subconscientemente concluimos: "Esto es lo que quiero que la profecía signifique, de modo que así es como yo la interpreto".

Por ejemplo, una vez conocí a un pastor que recibió una palabra profética que incluía una declaración acerca de tener un nuevo ministerio y una nueva familia. La persona que le profetizó asumió que la palabra significaba que el ministerio del pastor y su familia experimentarían una época de renovación espiritual y en sus relaciones. Pero el pastor mismo, quien tenía un amorío con su líder femenina de adoración, fue a casa, se divorció de su esposa y se casó con la otra mujer, diciendo que Dios confirmó lo que ya estaba en su corazón.

Tal vez, la parte más importante que los ministros proféticos deben recordar a la luz de esta realidad es que debemos ser cuidadosos de no hablar más allá de lo que sentimos en el Espíritu. Solamente porque tenemos una palabra de conocimiento, por ejemplo, acerca del deseo de una pareja de casarse o de la esperanza de un pastor para tener un ministerio nuevo, no hay razón para concluir que el deseo de ellos es también el deseo de Dios. Nosotros deberíamos solamente confirmar los deseos del corazón de una persona cuando escuchamos claramente de Dios que Él ha puesto esos deseos en el corazón de la persona.

10. ¿QUÉ MOTIVACIÓN EQUIVOCADA DEBEN LOS PROFETAS EVITAR EN EL MINISTERIO?

Pienso que Satanás tienta a menudo a los ministros proféticos, a ser motivados por un deseo de **ejercer control** y tener **ganancia personal**. Los seres humanos son agentes con una moral libre, y mientras que Dios da dirección divina y confirmación a través del ministerio profético, los individuos aún son responsables de hacer sus propias decisiones, sin que un espíritu de control o de manipulación los influencie. Los cristianos no deben acudir a los ministros proféticos para controlar cada detalle de su vida y su ministerio. De otra manera, ellos llegarán a ser dependientes de otros seres humanos y de las profecías, más que depender de Dios.

Brujería y manipulación. El espíritu de dominación o control se manifestará algunas veces por medio de personas que sienten el derecho y la responsabilidad de profetizar detalles intrincados de otros acerca de con quién casarse, cómo gastar o invertir dinero, a dónde mudarse y otras decisiones. Esto normalmente ocurre cuando una persona se presenta a sí misma, como espiritualmente superior a otros, convenciendo a los "subordinados" de que ellos necesitan asesoría continua, consejo y percepción profética para estar en la voluntad de Dios.

Tal dominio puede incluir que un ministro profético dicte "órdenes" de Dios por medio de la profecía, pero también, puede tomar otras formas que no involucran el ministerio profético. Por ejemplo, un pastor puede señorear sobre el rebaño, tratando de hacer todas las decisiones de menor importancia. Aun entre amigos cristianos, una extrema relación de entrenamiento puede llegar hasta tal punto que una persona no haría nada sin consultar con la otra.

Los cristianos son vulnerables en este respecto porque la raza humana está dividida en líderes y seguidores. Aquellos que tienen el perfil de personalidad del líder son tentados a liderar y controlar a otros por cualquier medio que tengan. Mientras tanto, los seguidores son tentados a que los líderes les quiten la responsabilidad de tomar decisiones.

Por supuesto, este tipo de control no saludable no es verdadera profecía ni instrucción. Es más bien brujería y manipulación bajo la apariencia de autoridad espiritual y ministerio. Para evitar ser controlados por cristianos inescrupulosos quienes utilizan la profecía como un medio de manipulación, los creyentes necesitan recordar que la profecía solamente es un medio para determinar la voluntad de Dios en sus vidas. Dios también confirmará su dirección por Las Escrituras, la paz del Espíritu, el consejo pastoral y las circunstancias providenciales. (Vea el capítulo 9 *Los Profetas y La Profecía Personal* para descubrir las muchas maneras bíblicas en que podemos personalmente conocer la palabra, la voluntad y el camino de Dios para nuestra vida).

Desde la perspectiva del ministerio profético, es bueno recordar que todas las palabras proféticas deben ser dadas con un espíritu de humildad y libertad. Aun cuando tenemos que administrar corrección, debemos ser de bajo perfil y accesibles, ofreciendo ajustes sabios y sugerencias más que enviando estruendosas condenaciones que pueden intimidar más que redimir.

Ministrando en una iglesia local. Cuando los ministros que viajan llegan a ministrar en una iglesia local, ¿qué autoridad y alcance del ministerio tienen ellos en este contexto? Algunas personas hoy están enseñando, equivocadamente, que los profetas y los apóstoles tienen una autoridad que es superior a los otros ministerios, concluyendo así que, cuando un profeta va a la iglesia local, a él o a ella les deben, en cierto sentido, permitir tomar cargo de la iglesia. Escuché al menos de una congregación, donde un hombre vino, adujo ser profeta de Dios para la Iglesia y procedió a controlar la vida de la gente, dictó la estructura de gobierno de la iglesia, quién debía ser contratado o despedido, y cambió el equipo de alabanza. En efecto, reemplazó al pastor presidente –que conocía muy poco acerca del verdadero papel de un profeta–, quien accedió a este arreglo porque el profeta había "validado" su autoridad ministrando algunas palabras exactas acompañadas de sanidades.

Este es un concepto falso de la autoridad del profeta –o del apóstol– que permite que algunas personas dominen, dicten y controlen congregaciones enteras. No hay duda de que los ministerios profético y apostólico son ministerios fundamentales (Efesios 2:20), y Dios de este modo los ha ungido para ayudar en la estructura del fundamento o reestructura de las iglesias, cuando los invitan a hacerlo. Pero tenga en mente que el apóstol Pablo, cuando escribía a la iglesia de Corinto, a la cual había apadrinado, inició su corrección apostólica con estas palabras: *"No es que intentemos imponer la fe, sino que deseamos contribuir a la alegría de ustedes, pues por la fe se mantienen firmes"* (2 Corintios 1:24).

Los profetas y apóstoles que son invitados a ministrar en una congregación local deben recordar que no van para "señorear" sobre la iglesia, cambiando o arreglando lo que quieren. Están allí para ayudar y servir, no para dominar o controlar.

Yo enseño a todos nuestros profetas y ministros proféticos a que sean responsables de dar la palabra del Señor al pastor y su congregación. Pero debe ser dada bajo la cobertura y aprobación del pastor local. Si ellos sienten que las palabras proféticas conducen a una corrección o dirección radical, estas deben ser sometidas a la consideración del pastor antes de hablarlas públicamente, delante de la congregación.

Esto no compromete la responsabilidad de los profetas de hablar por Dios ni los hace meramente complacedores de personas. Dios el es autor de la estructura y la autoridad delegada. Él nunca se disgusta porque un profeta ministre bajo autoridades establecidas. Usar el ministerio de una manera que usurpe la autoridad divinamente establecida no es ético. Las M de mensaje y ministerio pueden estar en línea, pero si él o ella socavan la autoridad de la iglesia, las M de método, modales y madurez están fuera de orden. Hay un protocolo divino al ministrar la palabra del Señor al liderazgo mayor en la iglesia local o en un ministerio nacional.

Una "medida de gobierno". Tenemos también que tener en mente los comentarios adicionales de Pablo a la iglesia de Corinto: *"Nosotros, por nuestra parte, no vamos a jactarnos más de lo debido. Nos limitaremos al campo que Dios nos ha asignado según su medida, en la cual también ustedes están incluidos"* (2 Corintios 10:13). En otras palabras, Pablo estaba diciendo que él tenía una medida de gobierno, de mandato en su ministerio apostólico, que incluía esta iglesia en particular. En ella él tenía la autoridad dada por Dios para ejercitar sus dones, para poner las cosas en orden. Por otro lado, había otras iglesias en las cuales él no tenía esa autoridad.

Lo mismo es verdad en nuestro ministerio profético. A veces vamos a algunas congregaciones y encontramos la puerta abierta para tener autoridad para ministrar. El liderazgo de la iglesia recibe bien nuestras ideas proféticas acerca de sus necesidades y problemas, porque ellos reconocen nuestros dones en esa área.

En otras iglesias, sin embargo, somos invitados solamente para introducir al pueblo al ministerio profético. Ellos no quieren nuestras ideas acerca de la iglesia, incluso no quieren saber que tenemos ideas acerca de la iglesia. En tal situación, sería impropio y poco sabio de parte nuestra decirle al pastor todas las cosas acerca de su congregación que nosotros sentimos que pueden ser cambiadas y necesitan ayuda. Aun si va a ser de beneficio para ellos, probablemente no estarán dispuestos a recibirla porque no nos han preguntado al respecto. Podríamos llegar a ser dictatoriales y dominantes.

Ganancia personal. El verdadero ministerio profético siempre glorificará a Dios en la vida de la persona que lo recibe. El Espíritu de la profecía es el testimonio de Jesús (Apocalipsis 19:11), y el Espíritu Santo fue enviado a glorificar a Jesús (Juan 16:14). Una manera de examinar el fruto es observar si sus profecías tienen la tendencia a promover al profeta o a su propio ministerio. Algunos han usado la unción profética para manipular a otros para que les envíen dinero. Esto no es solamente autopromoción, está al borde de la brujería y la charlatanería. El juicio de Dios sobre esta mala representación de su Espíritu tan evidente será severo. Los profetas deben ser entrenados por el Señor a través de las circunstancias de la vida para hablar su palabra sin pensamientos de miedo o favoritismo hacia otros, sino con gracia divina y madurez.

Evite la apariencia de palabras para autoservirse. Los ministros proféticos en desarrollo harían bien en abstenerse de dar palabras que parezcan de autoservicio. Esto se aplica especialmente en el área de dinero y donaciones. Una vez estaba ministrando junto con un profeta a una hermana que más bien era adinerada. Yo no la conocía, pero las otras personas la conocían muy bien.

Percibí que el Señor quería que esta hermana vendiera una parcela de tierra y que el Señor le revelaría a ella qué hacer con la ganancia de la venta. A esto la mujer respondió que Dios había estado tratando con ella acerca de un terreno que había recibido como herencia, por lo que la palabra dada fue confirmación para ella. Tristemente, cuando el otro profeta impuso las manos sobre ella y comenzó a profetizar, él incluyó en lo que le dijo el hecho de que Dios la dirigiría a dar una gran parte del dinero a cierto ministerio con el cual ella estaba relacionada, o sea, el de él mismo.

Otra área de problemas, en la cual los ministros pueden manipular para obtener ganancia personal, es en las decisiones acerca de la membresía de la iglesia. Aunque puede ser la voluntad de Dios para una persona dejar la congregación a la que actualmente asiste y comenzar a asistir a otra, profetizar esto puede parecerles a otros como manipulación –especialmente si la iglesia hacia donde se está dirigiendo a la persona es la del ministro profético–. Esto es sobre todo porque la razón por la cual Dios hace que la mayoría de personas cambie de iglesia es para desarrollarles su potencial no utilizado como líderes o para ser un apoyo financiero importante.

El principio profético para profetizar dirección o corrección en dar o recibir financieramente es el de abstenerse de profetizar en estas áreas a cualquiera de quien usted tenga un conocimiento natural. Definitivamente, no profetice ninguna palabra que lleve autopromoción o autoconfirmación, o que dé ventaja a cualquiera de sus propios intereses. No sé de ningún profeta o apóstol sobre la tierra que pueda moverse en este tipo de profecía sin caer en el autoengaño y en las profecías con motivación equivocada.

II. ¿CUÁLES SON LAS GUÍAS ADECUADAS PARA MINISTRAR PALABRAS PROFÉTICAS QUE TRATAN CON ROMANCES Y MATRIMONIOS?

Debemos recordar que el pacto matrimonial es un compromiso de por vida entre dos personas que necesita ser establecido con mutuo deseo y dedicación –y no bajo la insistencia o presión de la percepción profética de otra persona–. Además, debemos anotar que es muy fácil para aquellos que están cercanos a la persona involucrada ser motivados por deseos y sentimientos naturales que pueden influenciar cualquier palabra que se dé. Por estas razones, es sabio simplemente evitar profetizar a otros sobre una pareja en particular.

Muchos cristianos creen que Dios les ha mostrado quién será su pareja. Esto puede ser verdad, pero si es así, el Espíritu Santo tendrá que revelarlo a la otra persona también antes de que pueda haber unidad y acuerdo necesario para realizar un matrimonio sobre una base sólida. Decir a la otra persona: "Dios me dijo que tú serías mi esposa", solamente trae presión y confusión, especialmente si la persona que escucha esta declaración es nueva en el Señor.

Si unirse es verdaderamente la voluntad de Dios, se llevará a cabo sin manipulación o esquemas humanos. El principio profético es que Dios siempre obra en ambas partes por separado y, generalmente, en el mismo marco de tiempo, cuando Él es el único que está dirigiendo los deseos y las impresiones espirituales de aquellos que están involucrados.

"Deseones". Un integrante de nuestro equipo aconsejó a dos hermanas solteras, quienes decían que Dios les había dicho a ellas que se casarían con el mismo ministro bien conocido –y soltero–. Una hermana insistía que las cartas para recoger fondos que recibía de la oficina de su ministerio estaban escritas a ella en lo personal. Ella también reclamaba que una vez, en una reunión con miles de personas presentes, este ministro en particular la observó desde la plataforma con una "mirada especial" que confirmaba su conclusión.

La otra hermana creía firmemente que el ministro se comunicaba con ella enviándole mensajes en código secreto y mensajes implícitos por medio de otros televangelistas a quienes ella regularmente veía –por supuesto, el miembro de nuestro equipo le dijo que la idea era absurda, pero ella rehusó creerle–. Aun más, ella nunca había hecho más que solamente conocer al ministro, darle la mano y hablar con él. Obviamente, estas mujeres estaban tan atrapadas en su deseo de casarse, que se habían engañado a sí mismas creyendo que Dios les había dicho estas cosas. Me gusta llamar a estos casos "deseones", o sea, pensamientos con deseos fabricados como si fueran "visiones".

En ocasiones, se da lo que puede ser llamado un "matrimonio profético", en el cual Dios, sobrenaturalmente, les habla tanto al hombre como a la mujer acerca de casarse el uno con el otro. Pero esos casos son extremadamente raros, y aun en ellos, Él habla claramente a ambas partes involucradas.

Cada pastor carismático o pentecostal que conozco y que es soltero tiene varias hermanas jóvenes en su iglesia, que están convencidas de que Dios les ha dicho a ellas que se casarán con él.

Comencé a pastorear cuando tenía diecinueve años y era soltero. Aunque la congregación solamente tenía sesenta miembros, no menos de seis jovencitas en el grupo estaban convencidas a través de sus "deseones", de que yo estaba destinado a ser su esposo. Pero la jovencita de la congregación con quien terminé casándome nunca trató de iniciar nuestro romance y matrimonio a través de "deseones" u otras directrices espirituales.

Un miembro de nuestra Junta de Gobernadores ha funcionado por años como pastor soltero sobre una congregación de miles de personas. Él puede hablarle a usted acerca de la cantidad de hermanas que se han acercado a él con ideas raras y comportamientos extraños, todo en el nombre de la "revelación profética" o asegurando: "Dios me dijo", "Dios me mostró".

Por otro lado, otros dos miembros de la junta tuvieron un matrimonio soberano, sobrenatural, divino y proféticamente dirigido. Conozco bien a estas parejas y puedo afirmar que entraron al matrimonio simplemente porque Dios le habló a cada uno independientemente y sin la influencia externa de otros que les profetizaran. Sin embargo, siguieron con los procedimientos adecuados, como el recibir guía de sus padres, el consejo pastoral y la confirmación a través de otras fuentes creíbles.

Usted podría decir que los matrimonios verdaderamente proféticos son planeados en el cielo y concretados en la tierra. Pero he descubierto que aun los matrimonios hechos en el cielo pueden pasar por el infierno en la tierra durante un tiempo, hasta que Dios los lleve al amor romántico, la verdad y la madurez en el matrimonio. Yo no alentaría a ninguno a que busque un matrimonio profético. Pero si Dios lo dirige soberanamente y lo confirma de este modo, entonces no tema entrar en esta unión. (Vea también el capítulo 8 en el tomo 1 de esta serie).

12. ¿CUÁLES SON LAS GUÍAS ADECUADAS PARA MI-
NISTRAR PROFECÍAS A LOS ENFERMOS O A LOS MO-
RIBUNDOS EN RELACIÓN A SU SANIDAD?

La voluntad de Dios es que todos se salven y que ninguno pe-
rezca (1 Timoteo 2:4). Sin embargo, de hecho muchos perecen cada
día sin el conocimiento salvador de Cristo. No podemos forzar a
las personas a que sean salvas ni decir que ellas son salvas, simplemente, por nuestra fuerte convicción de que Dios quiere que ellos
sean salvos.

De manera similar, la sanidad para toda dolencia y enfermedad
fue comprada por las treinta y nueve heridas que Jesús recibió, y
es la voluntad de Dios sanar a todos los que están enfermos (Isaías
53:5; Mateo 8:16-17). Aun así, no podemos asumir que cualquier
persona particular será sanada ni profetizar la sanidad de alguien
simplemente por nuestra fuerte convicción de que Dios quiere que
se sanen. Solo cuando nosotros recibimos una palabra profética específica de sanidad para una persona en particular debemos profe-
tizarle la sanidad. Sanar puede ser una verdadera palabra de logos,
pero tal vez no sea una palabra rhema, que pueda ser profetizada a
esa persona en particular, en esa ocasión particular.

Además, el ministro profético debe tener no solamente una revelación de la enfermedad, sino también el poder de ministrar sanidad. Tener una cosa sin la otra es limitado e inefectivo. (Para discusión adicional de este asunto, vea el capítulo 4 del primer tomo de
esta serie, *Los Profetas y La Profecía Personal*).

13. ¿HAY UN CURSO NORMAL DE TIEMPO PARA QUE
LAS PROFECÍAS SEAN CUMPLIDAS?

La palabra del Señor a individuos –tomada como un todo, a medida que se manifiesta a lo largo del tiempo a través de múltiples profecías personales– normalmente requiere para su total cumplimiento
el contexto de la vida entera de la persona y aun el de su herencia

(descendientes). Rara vez, una profecía acerca del llamado de una persona y de su ministerio es llevada a cabo en semanas, meses o aun años.

Ejemplos de David, José, Abraham y Saulo. Las ilustraciones bíblicas de esta realidad son numerosas. Por ejemplo, David fue proféticamente identificado y ungido como el siguiente rey de Israel mientras él todavía era un joven que cuidaba ovejas (1 Samuel 16:1-13). Aun así, él no ascendió al trono hasta los treinta, y el último objetivo de su ministerio real no fue cumplido, sino hasta muchas generaciones más tarde, cuando Jesús, su descendiente, nació para tomar su trono para siempre (Lucas 1:30-33).

José recibió sueños proféticos de su ministerio y de su posición cuando tenía diecisiete años (Génesis 37:1-9). Pero no llegaron a suceder así, sino hasta que tuvo treinta años (Génesis 41:46).

La profecía de Abraham en cuanto a tener una descendencia numerosa le fue dada cuando tenía setenta y cinco años (Génesis 21:5), pero Isaac nació veinticinco años más tarde, y las multitudes de descendientes nacieron mucho después de eso. La promesa de Dios de dar a Abraham la tierra de Canaán fue cumplida siglos más tarde a través de su herencia, el pueblo de Israel, bajo el liderazgo de Josué.

Saulo, quien vino a ser el apóstol Pablo, recibió al tiempo de su conversión una profecía personal acerca de su ministerio por parte de Ananías (Hechos 13:1-2). Pero él no fue lanzado hacia su ministerio apostólico, sino hasta más de una década más tarde (Gálatas 1:15-18; Hechos 13:1-3).

Estos ejemplos muestran, claramente, que Dios puede tomarse toda una vida y aún más, para lograr sus propósitos en nosotros y a través nuestro. Así que, no deberíamos sorprendernos si mucho de lo que ha sido profetizado sobre una persona aún no ha sido cumplido. Solo he conocido a una persona que me dijo que todas las profecías personales que había recibido le habían sucedido –y ella murió tres semanas después de que hizo esta declaración–. Solamente al final de su vida, todas las promesas de Dios para ella fueron cumplidas.

14. ¿LAS PROFECÍAS PERSONALES REVELAN LA VOLUNTAD DE DIOS PARA TODA LA VIDA DE UNA PERSONA?

Cualquier profecía personal muestra solamente una pieza del rompecabezas de la voluntad de Dios para la vida de una persona. Pablo le dijo a los corintios que nosotros *"profetizamos de manera imperfecta"* (1 Corintios 13:9), así que una profecía personal no debe ser aceptada como la "última palabra" del plan de Dios ni como una visión total de la vida y el ministerio de un individuo.

Abraham, por ejemplo, recibió once profecías personales de Dios en el curso de sus 175 años de vida. Tomadas en conjunto, ellas revelaron progresivamente los propósitos de Dios para él y le proporcionaron una creciente claridad a su llamado y propósito. (Para discusión adicional en este asunto, vea el primer tomo de esta serie, *Los Profetas y La Profecía Personal*).

Esto también significa que si, en una ocasión dada, la palabra profética que recibimos no se refiere a un asunto en particular, no podemos por eso concluir que el asunto no es de importancia para Dios. Si, por ejemplo, nosotros estamos esperando una palabra acerca de provisión financiera y, en cambio, recibimos una palabra acerca de que vamos a tener otro niño, simplemente la prioridad de Dios en esa ocasión fue prepararnos para el niño más que consolarnos acerca de la provisión que Él ha planeado. Y si Dios no revela algún pecado oculto en nuestra vida cuando recibimos una palabra personal, concluimos solamente que su misericordia se ha extendido sobre nosotros un poco más —y no que Él ha decidido no tomar en cuenta o excusar nuestra conducta (Éxodo 4:24).

15. ¿CUÁLES DEBERÍAN SER LOS RESULTADOS DEL MINISTERIO PROFÉTICO?

El ministerio profético puede tener muchos resultados beneficiosos para los cristianos. Sobre todo, la profecía edifica a la iglesia dándole fortaleza, aliento y consuelo a los santos (1 Corintios 14:3, 12, 26).

Los profetas son piedras de fundamento para edificar la iglesia local, y su ministerio puede ayudar en la estructura del gobierno y la reestructuración de una congregación (Efesios 2:20). Ellos pueden presentar sobre ella revelación divina, la cual le ayudará a cumplir su mandato sobre la tierra delante de Dios. Junto con los otros cuatro ministerios, los profetas han sido puestos para equipar a los creyentes para sus propios ministerios y su trabajo de servicio (Efesios 4:11-12). En particular, los profetas pueden completar esta función de capacitación, ayudando y activando a los individuos para entrar en sus ministerios.

Evite la severidad y la condenación. A la luz de la función redentora y edificante que Dios tiene como propósito para el ministerio profético, debemos evitar la dureza, el juicio y las palabras críticas, que solamente condenan a aquellos que las reciben. Por ejemplo, recuerdo una ocasión cuando un profeta declaró públicamente a un joven que él tenía una "mente sucia" y que estaba "lleno de perversidad". Cuando el joven comenzó a llorar – probablemente de humillación–, el profeta le dijo que se callara y se sentara. Debido a que la actitud del profeta fue dominante y de juicio, la situación del joven empeoró en lugar de ser redimida. El muchacho estaba tan herido, avergonzado y ofendido que dejó de ir a la iglesia. Así que recuerde: es la benignidad de Dios la que conduce a las personas al arrepentimiento (Romanos 2:4).

16. ¿CÓMO DEBEN RELACIONARSE LOS PROFETAS Y LOS MINISTROS PROFÉTICOS CON EL RESTO DEL CUERPO DE CRISTO?

De acuerdo a las instrucciones del apóstol Pablo a los corintios, Dios ha establecido a los profetas en la iglesia para funcionar junto con otros dones ministeriales (1 Corintios 12:28). Los profetas no deben ser solitarios o considerarse a sí mismos demasiado santos como para asociarse con gente "normal". Ellos son, primero que todo, discípulos de Jesucristo, miembros productivos del Cuerpo de Cristo y luego ministros dotados establecidos en la iglesia.

Cuando miramos la iglesia del Nuevo Testamento en Antioquía, encontramos que los profetas y maestros fueron los primeros en relacionarse con la congregación. Ellos fueron enviados en viajes misioneros fuera de la iglesia local de acuerdo con la dirección que Dios les daba (Hechos 13:1). Después de cada viaje, regresaban a su iglesia local para reportar lo que había pasado y así permanecer responsables.

Aun el apóstol Pablo —quien había sido comisionado por el mismo Señor y había evidenciado las marcas del apostolado a través de señales, maravillas y el establecimiento de nuevas iglesias— tuvo una revelación directa de Dios de que él tenía que ser responsable en asuntos doctrinales ante los ancianos de Jerusalén. Él sabía que aun un hombre o una mujer de Dios pueden correr en vano si ministran sin tener la relación, la responsabilidad y el testimonio de otros líderes de la iglesia (Gálatas 2:1-2, 9).

Trampas peligrosas. La exclusividad y el aislamiento son tentaciones y trampas peligrosas que los profetas deben evitar. La historia de la Iglesia está llena de tristes ejemplos de profetas "llaneros solitarios" rebeldes, sin cobertura que se expusieron a sí mismos al desánimo y al engaño. Por esa razón, tener verdadera responsabilidad en el sentido bíblico es una necesidad para los ministros proféticos.

Adicionalmente, las palabras proféticas deben ser grabadas y dadas bajo la adecuada autoridad para que los que profetizan se mantengan responsables. Aquellas que yo llamo "profecías de zona de estacionamiento" —es decir, palabras dadas fuera de las estructura y el escenario que permiten mantener cierto grado de responsabilidad— no deben ser aceptadas como válidas, a menos que la persona que las da permita que se graben y que sean juzgadas por ministros proféticos maduros.

17. ¿CUÁL ES EL PROTOCOLO ADECUADO PARA MINISTRAR LA PROFECÍA PERSONAL EN UN LUGAR PÚBLICO?

Debemos ser prudentes cuando ministramos en público teniendo cuidado y ejerciendo sabiduría al revelar los detalles de la vida de una persona. Puede ser difícil ministrar en un escenario de estos cuando la profecía está dirigiéndose a los asuntos privados que pueden avergonzar al que recibe la palabra o exponer el pecado de alguien.

Usualmente, podemos usar términos que permitan que la persona entienda claramente lo que Dios está diciendo sin revelar cosas específicas a aquellos que están alrededor o dar la apariencia de estar criticando y condenando. Dios, comúnmente, confiará tales palabras de corrección a ministros proféticos maduros que pueden entregar su mensaje con el espíritu de sanidad y restauración que Dios desea. Los profetas que anhelan profetizar juicio y "enderezar" a otros no son candidatos para este tipo de ministerio.

No a los chismes espirituales. Una vez fui a ministrar a una iglesia local y profeticé sobre un hermano en particular. En la mitad de la profecía, me di cuenta de que Dios estaba revelando que el hombre tenía un espíritu y un estilo de vida homosexual, aunque ni siquiera el pastor se había dado cuenta de ello. Por supuesto, no mencioné esa revelación específica. En lugar de eso, reprendí un espíritu de inmundicia y el hombre cayó físicamente y fue liberado. Entonces, continué profetizando como antes.

No debemos asumir que hay que compartir con todos, todo aquello que Dios nos dice. Eso sería chisme espiritual. Algunas veces, el Señor nos dice los secretos de los corazones de otras personas para que oremos acerca de eso o para ayudarlos de alguna otra manera. Pero Él no continuará confiando tales confidencias a aquellos que repiten todo lo que escuchan.

Ministrando confidencialmente. La profecía que se entrega con detalles privados específicos debe ser ministrada confidencialmente. Esto tiene especial importancia cuando ministramos a la Iglesia o a líderes nacionales que tienen autoridad. Dado que una palabra profética a un líder afectará también a aquellos que están bajo su liderazgo, al líder debe permitírsele considerar la palabra en privado y orar acerca de su implementación antes de hacerla pública. Sin embargo, estas palabras deben ser grabadas, y el que las recibe debe siempre seguir los pasos adecuados que se aplican para recibir y aplicar la profecía personal.

Esto no significa que toda palabra dada a un líder debe darse en privado, tenemos muchos ejemplos en Las Escrituras de profetas que profetizan públicamente a reyes y líderes. De hecho, el ministerio profético público es dado a menudo para afirmar a los líderes ante los ojos del pueblo y consagrarlos para que tengan responsabilidades de liderazgo. Aparte de las palabras de corrección, el tipo más común de palabra profética que debe ser dada a un líder en privado es acerca del cambio de liderazgo.

Los ejemplos de Jehú y Saúl. Por ejemplo, en una ocasión Elías instruyó a un joven profeta que buscara al general Jehú, lo ungiera como rey y le diera una profecía personal –no frente a los otros generales, sino en privado, en una recámara interior–. Después de esto, el general Jehú mismo salió y reveló, cuando los otros le preguntaron, la palabra que el profeta había dado acerca del nuevo cambio en el liderazgo (2 Reyes 9:1-13). Este incidente establece un ejemplo para nosotros; el profeta debe dar una palabra como esta al líder y dejar que él o ella determine el tiempo y el lugar para implementar la palabra.

Cuando Samuel pronunció juicio sobre Saúl por haber fallado en obedecer a Dios y haber profetizado un cambio eventual del liderazgo de Israel, el profeta dio la profecía personal en un escenario privado. Nosotros sabemos que la reunión fue privada, porque después Saúl pidió a Samuel que adorara públicamente con él para que fuera honrado delante de los ancianos (1 Samuel 15:13-31). Luego, Samuel fue a la casa de Isaí y le dio una profecía personal a David en privado, declarando que él sería el próximo rey.

Ciertamente, no tenemos indicación acerca de si la nación de Israel conoció alguna vez el contenido de estas profecías durante la vida de Saúl. Si hubiera sido así, ellos casi con seguridad hubieran conspirado y tomado acción para que las profecías se cumplieran. Algunos israelitas sin duda hubieran derrocado a Saúl asesinándolo, destronándolo o manipulándolo para que dejara el poder a través de oración y profecía.

El que Samuel hablara esta palabra evitó que Saúl fuera reemplazado inmediatamente por David. Esta fue una precaución importante, ya que David era solamente un jovencito en ese momento y no estaba listo para asumir el trono. Los profetas sabios y maduros de ahora imitarán el ejemplo de Samuel, practicando discreción al dar esta clase de palabras tan delicadas.

Tenga en mente que en este contexto, la intención de Dios no era esconder el pecado de Saúl. De hecho, en numerosas ocasiones, La Biblia registra que el Señor exponía públicamente y juzgaba a los líderes a través de palabras proféticas. Pero el escenario de las palabras de juicio a Saúl sirvió, evidentemente, para lograr el tiempo perfecto de Dios para levantar al joven David en su lugar.

Cambios en el liderazgo de la iglesia local. Este énfasis debe de ser tenido en cuenta, por ejemplo, cuando un profeta está ministrando en una iglesia y ve que el pastor presidente es llamado a ser un apóstol con un ministerio más allá del área local. Dios puede aun mostrar al profeta quién será el próximo pastor de entre los miembros del personal o del liderazgo. Probablemente, lo más sabio sería, en tal circunstancia, compartir esto en privado con el pastor mayor para que lo considere en oración. De otra manera, un pronunciamiento profético público en el asunto podría ocasionar que la congregación esté insegura o aun dividida acerca del estatus del liderazgo de la iglesia. Una palabra en privado permite al pastor mayor decidir el sí y el cuándo de compartir la profecía públicamente.

Es necesario tener sabiduría divina y discreción para ministrar proféticamente en situaciones como estas. Por esta razón, un profeta necesita ser entrenado en asuntos de liderazgo y protocolo.

18. ¿LOS PRONUNCIAMIENTOS PROFÉTICOS DEBEN SER USADOS COMO LA ÚNICA BASE QUE SIRVE PARA DEFINIR DOCTRINAS Y PRÁCTICAS?

El orden en la Iglesia, la doctrina y las prácticas en el Nuevo Testamento no fueron solamente establecidas por la profecía, las visiones, los sueños o las experiencias privadas personales de un individuo: "... ninguna profecía de la Escritura surge de la interpretación particular de nadie" (2 Pedro 1:20). El ejemplo más claro en el Nuevo Testamento del proceso correcto para establecer doctrina y práctica se encuentra en el libro de Hechos. Allí Lucas nos habla acerca de la visión de Pedro y de la experiencia concerniente a la dieta mosaica y las leyes de la circuncisión, y de cómo estos asuntos fueron juzgados por el Concilio de Jerusalén (Hechos 10-11 y 15).

A través de una visión, Pedro tuvo una revelación privada de que las leyes de la dieta y la separación entre judíos y gentiles que esta representaba ya no deberían ser seguidas más. Esta revelación fue entonces confirmada por una experiencia personal: él fue guiado sobrenaturalmente a un lugar donde los gentiles se reunían, les predicó el evangelio y les testificó acerca de cómo el Espíritu Santo los salvó y los llenó delante de sus ojos, aunque ninguno de ellos se habían circuncidado antes de convertirse al judaísmo.

Un concilio de la Iglesia. Cuando otros creyentes desafiaron el concepto de que los gentiles podían entrar en la Iglesia sin primero tener que pasar por la circuncisión y la conversión al judaísmo, el asunto fue llevado delante de un concilio de apóstoles y ancianos en Jerusalén, la Iglesia Madre. Allí Pedro dio su testimonio de lo que había pasado: una visión, una visitación angelical y un soberano mover de Dios sobre los gentiles. Pablo y Bernabé añadieron, asimismo, su testimonio de cómo ellos habían visto al Espíritu Santo conceder soberanamente a los gentiles todos los beneficios de Cristo sin necesidad de la ley mosaica. El asunto fue debatido y examinado cuidadosamente a la luz de Las Escrituras (del Antiguo Testamento). Santiago, el supervisor de la Iglesia, declaró finalmente después del debate: *"Con esto concuerdan las palabras de los profetas"* (Hechos 15:15) –o sea, que esta nueva doctrina y práctica estaba de acuerdo con Las Escrituras–. Como resultado, fue publicada en las iglesias una declaración escrita de sus conclusiones.

No deben aceptarse automáticamente las revelaciones privadas. A pesar del elevado estatus de Pedro en la Iglesia Primitiva como uno de los doce más allegados a Jesús, esta no aceptó automáticamente su revelación privada y su experiencia personal como un nuevo estándar de doctrina y prácticas. Estas experiencias sobrenaturales sirvieron para abrir los ojos al Concilio y como evidencia de confirmación. Pero los asuntos tuvieron que ser sometidos al liderazgo más sabio de la Iglesia para ser discutidos a la luz de Las Escrituras. Solamente cuando este concilio especial determinó que la nueva enseñanza era compatible con la revelación escrita de Dios, fue esta incorporada al cuerpo de doctrinas establecidas para la Iglesia del Nuevo Testamento.

Ahora, nosotros debemos seguir el ejemplo del Nuevo Testamento. Nuestra doctrina y nuestra práctica no deben ser establecidas por revelaciones privadas ni por nuestras experiencias. Hacer eso sería invitar al error, a que el ocultismo y las ideas excéntricas afloren. Es así como grupos como los mormones y la ciencia cristiana comenzaron.

19. ¿CUÁLES SON LOS DIFERENTES NIVELES DE DO- NES Y UNCIONES EN LA ESFERA PROFÉTICA? ¿TO- DOS LOS QUE PROFETIZAN SON CONSIDERADOS PROFETAS?

Cuando Pablo preguntó retóricamente a los corintios: *"¿Son todos profetas?"* (1 Corintios 12:29), la respuesta claramente fue: "NO". Sin embargo, él también insistió en la misma carta que todos deberíamos procurar profetizar (14:39) y que todos nosotros podemos profetizar uno a uno (14:31).

Todos los creyentes pueden fluir en el espíritu de la profecía, el cual se posa sobre las congregaciones, o en el don de profecía, que es dado a ciertos creyentes. Sin embargo, si bien es cierto que todos pueden profetizar pero aun así no todos son profetas, entonces, como consecuencia, no todos los que profetizan son profetas. Aun Saúl, quien fue atormentado por un espíritu malo y quien ciertamente no fue un profeta, profetizó cuando se encontraba alrededor de otros profetas (1 Samuel 19:24).

Los profetas no solo profetizan. Los profetas no son solamente individuos que profetizan; ellos son uno de los miembros del ministerio de cinco oficios de Cristo, quienes sostienen la autoridad del gobierno en la Iglesia. De hecho, profetizar puede ser solamente una pequeña parte del ministerio de algunos profetas. Ellos también pueden ser dotados para enseñar, pastorear y administrar.

Isaías fue un consultor de reyes y gobernantes. José administró un programa internacional de distribución de alimentos. David gobernó sobre todo Israel, condujo ejércitos y tuvo un ministerio musical ungido. Por lo tanto, el ministerio del profeta obviamente no puede estar limitado a solo profetizar.

Niveles de autoridad. Aun entre los profetas hay diferencias en niveles de autoridad. Aquellos que tienen años de ministerio maduro y probado, y quienes han pasado a través del proceso de Dios en cuanto a pruebas y madurez tendrán pronunciamientos proféticos de más autoridad, que "los hijos de los profetas", que son nuevos en el ministerio.

Elías, por ejemplo, se movió con gran autoridad cerrando el cielo y pidiendo que descendiera fuego; pero al mismo tiempo que ministraba, había por lo menos otros cien profetas más a quien Abdías –gobernador de Acab– había escondido en cuevas para protegerlos de la ira de Jezabel (1 Reyes 18:4). Samuel fue un líder profético clave en la historia de Israel, cuyas palabras nunca cayeron en tierra (1 Samuel 3:19) y dada su estatura y madurez, él fue el supervisor de toda una compañía de profetas (19:20).

Ahora Dios también está levantando personas mayores en el ministerio profético, quienes pueden ser padres y madres para dar a luz y entrenar a muchos en este movimiento de restauración del Espíritu Santo. Estos serán hombres y mujeres maduros en el ministerio, quienes pueden ayudarnos a evitar los excesos y desbalances de un ministerio profético inmaduro. Estos harán énfasis tanto en el carácter como en los dones, y buscarán el rostro de Dios, así como el favor de su mano.

17

RECONOCIENDO PROFÉTICAMENTE LOS TIEMPOS, LAS ÉPOCAS Y LOS EVENTOS DEL FIN

La Escritura nos dice claramente que Dios tiene un calendario para el planeta Tierra. Hay "tiempos y épocas" en sus propósitos para con el mundo, pero su elección de tiempo no es la misma que la nuestra. Por esa razón, la Iglesia debe aprender a discernir los tiempos. Los profetas, en especial, deben estar conscientes del tiempo de Dios. Al igual que los antiguos hebreos de la tribu de Isacar, los cuales eran *"hombres expertos en el conocimiento de los tiempos y sabían lo que Israel tenía que hacer"* (1 Crónicas 12:32), necesitamos una visión divina de los propósitos celestiales para nuestra generación. Debemos entender hacia dónde nos dirigimos a medida que nos aproximamos al final de la era de la Iglesia.

Esto no quiere decir, por supuesto, que podemos saber la fecha exacta del regreso de Jesús. El Señor le dijo a sus discípulos: *"Pero en cuanto al día y la hora, nadie lo sabe, ni siquiera los ángeles en el cielo, ni el Hijo, sino sólo el Padre"* (Mateo 24:36). Pablo añadió esta advertencia cuando dijo a los Tesalonicenses: *"Ahora bien, hermanos, ustedes no necesitan que se les escriba acerca de tiempos y fechas, porque ya saben que el día del Señor llegará como ladrón en la noche"* (1 Tesalonicenses 5.1-2).

Sin embargo, Jesús también dijo que conoceríamos el tiempo de su venida, que podríamos decir cuándo estaría cerca, así como las señales de la primavera nos hacen saber que el verano está cerca (Lucas 21:29-31). Y Pablo dijo a los tesalonicenses que, aun cuando ellos no podían saber la fecha exacta del regreso de Jesús, no deberían ser tomados por sorpresa: *"Ustedes, en cambio, hermanos, no están en la oscuridad para que ese día los sorprenda como un ladrón"* (1 Tesalonicenses 5:4).

Creo que el verano, del cual Jesús habló, está cerca. Para explicar más claramente por qué pienso que este es el caso, debemos tomar unos cuantos minutos para delinear un vistazo general en los tiempos y en las estaciones de Dios a través de la historia de la Iglesia.

Un vistazo general. Los historiadores de la Iglesia tienen muchas maneras de dividir el período en el cual Dios ha tratado con su pueblo. Los dispensacionalistas a menudo hablan de siete eras o dispensaciones, comenzando con Adán. Los teólogos del pacto, usualmente, marcan el tiempo a través de varios pactos entre Dios y su pueblo.

A través de mi propio estudio de la historia de la Iglesia, he concluido que Dios hace algo diferente con su pueblo cada dos mil años y, también, cada quinientos años. Si permitimos una variación de entre, más o menos, diez y cuarenta años a cada extremo de algunas fechas de cifras redondas –de nuevo digo que no conocemos los tiempos exactos del itinerario de Dios–, vemos que surge un patrón en ello.

Cada dos mil años, por ejemplo, Dios crea una nueva raza. En el año cero, Él creó a la raza humana cuando hizo a Adán. Dos mil años más tarde, llamó a Abraham para fundar la raza hebrea. Otros dos mil años más tarde, envió a Jesús a establecer la estirpe de la Iglesia.

Ahora, otros dos mil años más tarde, la estirpe de la Iglesia será pronto la estirpe del Reino –una raza con cuerpos inmortales tanto como espíritus inmortales–. A través de la resurrección y traslado prometido en Las Escrituras (1 Corintios 15:51-54; 1 Tesalonicenses 4:15-18), recibiremos cuerpos renovados, glorificados, para servir en el Reino de Dios sobre la Tierra.

Períodos de quinientos años. Considere también los incrementos de quinientos años del calendario de Dios. Cinco siglos después de que Jesús estableció la Iglesia, esta cayó en un período de deterioro. Otros quinientos años más tarde –1000 d. C.– tuvo lugar la "medianoche" de esa Edad Oscura. Luego, después del 1500 d. C., comenzó la gran restauración de la Iglesia con Martín Lutero, el reformador protestante.

Ahora creo que, en algún momento, no más allá del año 2000, veremos completa la restauración de la Iglesia. Ya Dios ha estado restaurando a su Iglesia en nuestra generación a los apóstoles, profetas, evangelistas, pastores y maestros. De acuerdo con Las Escrituras, estos cinco ministerios son necesarios *"a fin de capacitar al pueblo de Dios para la obra de servicio, para edificar el cuerpo de Cristo. De este modo, todos llegaremos a la unidad de la fe y del conocimiento del Hijo de Dios, a una humanidad perfecta que se conforme a la plena estatura de Cristo"* (Efesios 4:12-13).

La Biblia dice que Jesús es retenido en los cielos hasta el tiempo de la restauración de todas las cosas (Hechos 3:21). Así que, cuando la restauración de la Iglesia esté completa, yo espero ver el regreso de Jesús.

El papel del Movimiento Profético. Cada movimiento mayor en la historia del pueblo de Dios es acompañado de actividad en los cielos. Cuando Jesús nació, los ángeles bajaron del cielo regocijándose y alabando a Dios. Cuando Él murió y resucitó de la tumba, estoy seguro de que el cielo estaba celebrando. Y ahora, a medida que la restauración de la Iglesia avanza hacia su cumplimiento, creo que un sin número de actividades están tomando lugar en los cielos.

El Movimiento Profético juega un papel clave en este proceso. Creo que los profetas tomarán lo que ha sido decretado divinamente en los cielos y liberado dentro de la Iglesia en la tierra para que el pueblo de Dios sea activado para ministrar sus propósitos en el mundo.

¿Qué es lo que este movimiento ha liberado en los cielos y activado sobre la tierra? La Compañía de Profetas que ahora está surgiendo tiene el mismo "espíritu de Elías" que tuvo Juan el Bautista. Por eso, creo que lo que pasó en los días de Juan también está sucediendo ahora.

El profeta Malaquías del Antiguo Testamento profetizó que Elías vendría *"antes que llegue el día del Señor, día grande y terrible"* (Malaquías 4:5). Al referirse a esta escritura, Jesús dijo: *"Sin duda Elías viene, y restaurará todas las cosas (...) Pero les digo que Elías ya vino, y no lo reconocieron sino que hicieron con él todo lo que quisieron (...) Entonces entendieron los discípulos que les estaba hablando de Juan el Bautista"* (Mateo 17:11-13).

Juan vino *"con el espíritu y el poder de Elías (...) De este modo preparará un pueblo bien dispuesto para recibir al Señor"* (Lucas 1:17). Él fue un profeta solo que hizo preparativos para la venida en persona de Jesús, el Mesías. Ahora, toda una Compañía de Profetas está yendo delante del Señor en el espíritu y el poder de Elías. Y ellos prepararán el camino para su segunda venida. Así que hay algunos paralelos entre la aparición de Juan y la aparición de los profetas ahora.

Activación. Primero que todo, el ministerio profético liberó el tiempo para que Jesús fuese activado y manifestado como el Mesías, con demostraciones poderosas del poder del Espíritu Santo. De una manera similar, la Compañía de Profetas de ahora está preparando un camino y alistando un pueblo para la venida del Señor. La Compañía de Profetas activada durante el Movimiento Profético está desatando la Iglesia en demostraciones poderosas de expresiones sobrenaturales y milagros.

Sin duda, todo el cielo se emocionó cuando Juan comenzó a desarrollarse como profeta, y su ministerio se manifestó, porque eso significaba que el tiempo de Jesús había llegado. Ahora, Él es el que está celebrando. La activación del Movimiento Profético indica que un camino está siendo preparado para que Él regrese a buscar a su amada Esposa, la Iglesia. Por lo tanto, usted puede imaginarse cuán feliz está Él de ver la llegada de los profetas. Póngase su lugar: si usted quiere ir a ver a alguien especial, pero le corresponde a un grupo en particular preparar el camino para vaya, piense ¡cuán emocionado se pondría usted al ver que esas personas ya se están activando para cumplir dicho propósito!

Transición. El ministerio de Juan fue revelador también de una segunda manera. Él significaba un tiempo de transición para el pueblo de Dios. Juan fue una señal de que el tiempo de la dispensación de la ley se estaba cerrando, y que la Iglesia estaba surgiendo. De una manera similar, la Compañía de Profetas de la edad presente significa que la era mortal de misericordia y gracia de la Iglesia está llegando a su final, y que el día del juicio está comenzando –esta es una transición que tomará lugar en una sola generación, así como la transición de la era de Juan.

La generación de la transición está viva. Una tercera característica del ministerio de Juan fue el hecho que declaró que la generación que estaba viva sobre la tierra en ese tiempo vería y experimentaría la transición de la era de la ley a la era de la Iglesia (ver Mateo 24:34). Así que, creo que la aparición de la Compañía de Profetas de este tiempo significa que una generación que está viva ahora sobre el planeta Tierra verá la transición de la era de la Iglesia a la era del Reino.

No sé si será mí generación, la de mi hijo o la generación de mis nietos, pero creo que algunos de nosotros habremos quedado aquí cuando, como dijo el apóstol Pablo, *"seamos transformados"* y vayamos directo a la eternidad.

La séptima trompeta. Cuando al apóstol Juan se le permitió ver el cielo y el futuro, él registró que vio siete ángeles con trompetas. Cada vez que uno de esos ángeles en el cielo sonó una trompeta, algo pasó sobre la tierra. Juan escribió:

> En los días en que hable el séptimo ángel, cuando comience a tocar su trompeta, se cumplirá el designio secreto de Dios, tal y como lo anunció a sus siervos los profetas (…) Tocó el séptimo ángel su trompeta, y en el cielo resonaron fuertes voces que decían: «El reino del mundo ha pasado a ser de nuestro Señor y de su Cristo, y él reinará por los siglos de los siglos» (Apocalipsis 10:7; 11:15).

Creo que Dios tiene apóstoles y profetas para hacer eco sobre la tierra, con terminología humana, lo que ha resonado en el cielo por los ángeles. Lo que ha sido decretado y liberado en el cielo es decretado y liberado a través de los profetas y apóstoles sobre la tierra. Lo que ha sido atado o liberado en el cielo por los ángeles es atado y liberado sobre la tierra por los profetas y apóstoles.

Debemos ver aquí que podemos predicar, enseñar y profetizar un mensaje sobre la tierra como queramos, pero hasta que sea decretado en el cielo y suene la trompeta no funcionará —así como usted no puede hacer que su profecía personal se cumpla hasta que sea el tiempo de Dios para que suceda—. Podemos decretar proféticamente sobre la tierra lo que ya ha sido decretado por los ángeles y por decreto divino de Dios en el cielo. De la misma manera, no podemos atar nada sobre la tierra sobre nuestro propio antojo y deseo; solamente podemos atar lo que ya ha sido atado en el cielo.

Entendemos que Juan estaba hablando aquí no de la resurrección y traslado —en un abrir y cerrar de ojos—, sino de un período: *"En los **días** en que hable el séptimo ángel, cuando comience a **tocar** su trompeta..."* (v. 7, énfasis del autor). No hay ninguna indicación de cuánto el ángel la hace sonar. Pero cuando **comienza** a sonar, el Movimiento Profético tiene lugar sobre la tierra. Entonces los misterios de Dios, la plenitud de la verdad, la vida y el entendimiento serán revelados a medida que Jesús viene a la Iglesia como el camino, la verdad y la vida.

Cuando Juan dice que el ángel continúa tocando, nos dice que la voz de los profetas nunca morirá de nuevo. Las voces continuarán declarando La Palabra de Dios hasta que todo misterio sea revelado, cada verdad cumplida, y cada escritura resuelta —hasta que el camino de Dios sea preparado y su pueblo esté listo para la venida del Señor—. Cuando los profetas dejen de hablar, grandes voces en el cielo declararán que los reinos de este mundo han venido a ser los reinos de nuestro Dios (Apocalipsis 11:15).

El Movimiento Profético no disminuirá. Lo que Dios ha comenzado con este gran Movimiento Profético no es una pequeña cosa escondida en una esquina. Es global y universal, porque está sucediendo en toda nación. No es solamente algo para añadir una pequeña nueva dimensión a la Iglesia. Es un decreto divino, un destino divino, un mover de Dios que está afectando los cielos y la tierra.

El Movimiento Profético está emocionando a Jesús porque sabe que Dios ha liberado el séptimo ángel para comenzar a sonar su trompeta en los cielos, y su gran Compañía de Profetas ha sido activada a su ministerio profético sobre la tierra. El cielo sabe que esta es la hora, nosotros necesitamos saberlo también. En estos días, la consumación de Dios de las edades está cerca. Los profetas se han levantado y han sido restaurados en la Iglesia, y ellos no cesarán de profetizar hasta que los reinos de la tierra sean los reinos de nuestro Dios y de su ungida Iglesia.

Esto significa que el Movimiento Profético no "se eliminará poco a poco" o disminuirá. Más bien, crecerá y crecerá, y cuando nazca el movimiento apostólico, caminaremos lado a lado, apóstoles, profetas y adoradores proféticos fluirán juntos, y los evangelistas, pastores y maestros que poseen la verdad presente fluirán juntos también.

La más grande señal. A juzgar por las profecías del Antiguo Testamento, ¿cuál fue la más grande señal sobre la tierra, hace dos mil años, de que el Mesías se manifestaría? Fue Juan el Bautista, el profeta Elías (Malaquías 4:5). Por lo tanto, ¿cuál es la más grande señal en este siglo de cuán cerca estamos del regreso del Señor? En la primera mitad del siglo xx, fue la restauración de la nación de Israel en 1948. Pero la más grande señal que tenemos en la última mitad del siglo xx es la restauración de los profetas. El Movimiento Profético nació en la Iglesia en 1988. (Para más detalle, lea este tema en *Los Profetas y El Movimiento Profético*).

Considere: estamos viviendo en días que son tan trascendentales como aquellos en que Juan el Bautista apareció para preparar el camino de Jesús para ser manifestado como el Mesías. La gran Compañía de Profetas de Dios manifestará el Reino de Dios, porque el evangelio (la demostración) de su Reino debe ir a todo el mundo para testimonio antes de que venga el final (Mateo 24:14).

Dios dará a cada nación un testimonio de que Jesús es más grande que Mahoma o Buda, más grande que todos los otros dioses, falsas religiones y sistemas de este mundo. Nosotros demostraremos que Jesús sabe más y puede hacer más que cualquier otro dios. Y los profetas y los apóstoles serán instrumentos para levantar el pueblo más radical, que odia al diablo y más amante de Dios que haya existido desde que Josué llevó a la nueva generación a Canaán.

Cruzando el Jordán. Todavía hay un paralelo más entre el ministerio de Juan el Bautista y el actual Movimiento Profético: Juan preparó el pueblo para Jesús y la era de la Iglesia, bautizándolos en el Río Jordán. El Movimiento Profético ha "abierto" el Jordán espiritual de la Iglesia, en el sentido de que ha abierto un camino para atravesarlo y entrar a poseer nuestra "tierra prometida".

Día del juicio. ¿Qué más ha sucedido desde que el Movimiento Profético ha surgido? El día del juicio y de rectitud ha venido a la Iglesia. La Biblia dice que *"es tiempo de que el juicio comience por la familia de Dios"* (1 Pedro 4:17). En la década del ochenta, cuando llegaron los profetas, el juicio realmente comenzó con la casa de Dios.

Desde 1988, cuando nació el Movimiento Profético, han sido expuestos pecados a nivel nacional –de líderes políticos, líderes financieros y líderes espirituales también–. Solamente observe cuántas personas fueron públicamente descubiertas en los medios de comunicación después de 1988.

Observe también lo que ha pasado en la escena internacional. De acuerdo a la comisión de Dios a Jeremías, el ministerio profético sirve para arrancar y destruir, edificar y plantar (Jeremías 1:10). Desde 1988, la Cortina de Hierro ha sido desgarrada, y el Muro de Berlín ha sido derribado. Y he escuchado que hubo cierto número de profetas en las naciones que anteriormente fueron comunistas, que habían profetizado esos juicios.

Lo que ha sido hecho en secreto está siendo gritado desde las azoteas. No podemos hacer lo que hacíamos en los movimientos anteriores. Dios está diciendo: "No toleraré comportamientos impropios en los asuntos financieros. No toleraré la inmoralidad sexual. No les permitiré consentir a la carne". En el pasado, Dios puede haber pasado por alto nuestra ignorancia, pero ahora Él nos manda a arrepentirnos (Hechos 17:30).

El hacha a la raíz. Juan el Bautista declaró: *"El hacha ya está puesta a la raíz de los árboles, y todo árbol que no produzca buen fruto será cortado y arrojado al fuego"* (Mateo 3:10). Lo mismo es verdad hoy a medida que la Compañía de Profetas está surgiendo.

El Movimiento de Santidad que se extendió a través de la Iglesia en el siglo XIX fue ordenado por Dios para santificar totalmente a la Iglesia de la mundanalidad y de las actividades carnales. Dios estaba buscando hacer una obra interna que se manifestara en una vida santa. Pero los predicadores en el movimiento comenzaron a predicar más acerca de las obras externas, que de la transformación del hombre interior. Cuando hablaban sobre la santidad, usualmente era acerca de una forma de antimundanalidad o de lo que yo me refiero como "el tendedero de santidad". Enfocaban una gran cantidad de "no hacer": no use eso, no haga eso, no vaya allí, no vaya allá. Ellos se alejaron de los asuntos reales del corazón y de la vida en el espíritu.

Como resultado, el Movimiento de Santidad simplemente "podaba" los pecados del individuo en los que se enfocaba. Pero el hacha no estaba puesta en la raíz. La raíz es el motivo del corazón, y nuestras motivaciones pecaminosas deben ser tratadas si verdaderamente seremos limpiados y totalmente santificados.

La Compañía de Profetas se ha levantado con un hacha en su mano. Ahora el hacha está siendo puesta en la propia raíz de las motivaciones de cada hijo de Dios que desea seriamente seguir adelante con Jesucristo.

No más indulgencia. En los días del movimiento de evangelismo, sanidad y liberación, y aun en el movimiento carismático, algunas personas iban a predicar, orar, sanar a los enfermos, echar fuera demonios, pero luego regresaban a su cuarto de hotel para cometer adulterio. Otros se emborrachaban antes de ir a la plataforma, y cuando se tambaleaban, la gente pensaba que se estaban tambaleando bajo el poder de Dios.

Esos días han terminado. Dios ha dicho que desde este día en adelante, los profetas están para arrancar, destruir y exponer todo. Así que, es tiempo para orar y obtener la victoria sobre esa debilidad a la que Dios llama pecado, rebelión y obstinación.

La Escritura nos dice: *"… purifiquémonos de todo lo que contamina el cuerpo y el espíritu, para completar en el temor de Dios la obra de nuestra santificación"* (2 Corintios 7:1). Tristemente, algunas veces le pedimos a Dios que haga las cosas que Él nos dice que hagamos por nosotros mismos. Pero limpiarnos de esta manera es algo que nosotros debemos hacer.

Sin duda, no podemos lograr que la carne pelee contra la carne. Lo que podemos hacer es matar las obras de la carne por medio del Espíritu, a través del poder y la gracia espiritual. Pero está dentro de nuestra potestad levantarnos y tomar dominio sobre la carne (Romanos 6:6-14; 8:12-13).

No podemos ser instrumentos de juicio hasta que nosotros mismos hayamos sido juzgados. No podemos purificar hasta que nosotros mismos hayamos sido purificados. El juicio a través del Movimiento Profético en la casa de Dios ha comenzado primero con el mismo pueblo profético. De hecho, Dios no colocará a nadie en el ministerio del juicio que no haya sido purificado de todo deseo de pronunciar juicio. Aquellos que tienen celo para enderezar y borrar a todos tienen un espíritu equivocado. Necesitan ser santificados en el amor de Dios.

Aun así, el amor de Dios no es a menudo como nos imaginamos que es. No es consentidor, permisivo, complacedor de la carne o Papá Noel. El amor de Dios es duro. De hecho, fue su amor el que puso a Jesús en la cruz. Ya que el Padre dejó sufrir a Jesús de la forma como lo hizo –humillación, treinta y nueve latigazos, espinas en su cabeza, clavos en sus manos y pies, ser colgado desnudo en la cruz— solo para que pudiera **comprar** la Iglesia, ¿a través de qué cosas nos dejara pasar a usted y a mí para **perfeccionar** a su Amada? Si no estamos caminando en santidad, Dios nos crucificará para poder perfeccionar su Iglesia, así como crucificó a Jesús para que la comprara.

Los profetas son refinadores. A través del profeta Malaquías, Dios dijo: *"Yo estoy por enviar a mi mensajero para que prepare el camino delante de mí. De pronto vendrá a su templo el Señor a quien buscan; vendrá el mensajero del pacto, en quien ustedes se complacen"* (Malaquías 3:1). Cuando Dios habla de sus mensajeros, usualmente, se refiere a sus profetas. Por eso, creo que aquí Él está diciendo que enviará su Compañía de Profetas, y que ellos prepararán el camino delante de Él. El Señor llegará de repente a su templo –la Iglesia– con una voz profética. Y esto está sucediendo ahora.

La profecía de Malaquías continúa diciendo: *"Pero ¿quién podrá soportar el día de su venida? ¿Quién podrá mantenerse en pie cuando él aparezca? Porque será como fuego fundidor o lejía de lavandero. Se sentará como fundidor y purificador del plata"* (v. 2-3). Jesús ha establecido a los verdaderos profetas en su Iglesia como refinadores y purificadores de su pueblo, así que ellos –tal como dice Malaquías– *"... traerán al Señor ofrendas conforme a la justicia (...) serán aceptables al Señor"* (v. 3).

Creo en el regreso literal y físico de la venida de Jesús a la tierra. Pero al conducirnos a ese tiempo, también creo que Jesús ha venido a su pueblo varias veces, cada vez en una nueva dimensión. Vino en el Movimiento Protestante, en el Movimiento de Santidad, en el Movimiento Pentecostal, en el Movimiento Carismático. Vino a traer verdad y realidad, vida y ministerio. Ahora ha venido en el Movimiento Profético, trayendo el fuego refinador para purificar la Iglesia.

El nivel de plomada de Dios. Dios le dijo a Isaías que Él pondría *"como nivel la justicia"* (Isaías 28:17). El nivel de plomada es lo que un arquitecto utiliza para asegurarse de que todo el edificio está adecuadamente alineado con la piedra angular. Una traducción de La Biblia dice que Dios hará que su pueblo sea "rígidamente recto". Y son los profetas los que llevarán rectitud a la Iglesia: actitudes correctas, un espíritu correcto, motivos correctos, acciones correctas y relaciones correctas.

¿Por qué Dios ungió a Jesús sobre todos los otros? Hebreos dice que fue porque Él ama la justicia y odia la maldad (Hebreos 1:9). Jesús tiene un amor perfecto y divino por la rectitud, y un perfecto y divino odio por la iniquidad. Él comparte el odio de Dios hacia todo lo que no es conforme al carácter del cielo.

Varios pasajes bíblicos nos dicen que debemos odiar la maldad y amar lo bueno (Salmo 97:10; Amós 5:15). Debemos amar a las personas, pero odiar sus pecados (Judas 1:23). Haciendo esto, nos parecemos más a Jesús y reflejamos el carácter del mismo Dios. Los pasados movimientos en la Iglesia se han enfocado en el amor y en la bondad de Dios, lo cual fue un correctivo necesario de las imágenes falsas que la Iglesia había llegado a tener de Él. Pero ahora el Movimiento Profético está revelando también la severidad de Dios. Nosotros estamos recordando a la Iglesia que *"nuestro Dios es fuego consumidor"* (Hebreos 12:29). La Iglesia debe presenciar no solamente la bondad de Dios, sino también su severidad (Romanos 11:22).

Una medida estricta. Creo que Dios es muy estricto y exacto en sus demandas al comienzo de un movimiento que ha sido inspirado divinamente, con el fin de establecer sus estándares. Podemos ver ilustrada esta realidad en varios eventos bíblicos. Todos conocemos la historia de Acán, uno de los israelitas que acompañaron a Josué a Canaán (Josué 7). Cuando Acán desobedeció a Dios y tomó algo del botín para sí mismo, fue severamente juzgado. En obediencia a Dios, Israel lo apedreó y lo quemó junto con su familia y todas sus posesiones.

¿Por qué Dios fue tan exigente en su estándar para Acán y los otros Israelitas en esa ocasión? Dios esperaba que fueran rígidamente rectos, porque apenas habían entrado a Canaán –una nueva era, una nueva dimensión, un nuevo ministerio para el pueblo de Dios–. Ellos acababan de establecer una nueva verdad y un nuevo estilo de vida, por eso, Dios dijo: "Cuando te digo que hagas algo, haz exactamente lo que te digo. No lo interpretes y apliques conforme a tu propio entendimiento". Este es el mismo estándar que Dios le pidió a Moisés cuando lo envió a hacer el Tabernáculo exactamente de acuerdo a los lineamientos dados en el Monte Sinaí.

El pecado principal de Acán no fue el robo. La raíz de su pecado y su debilidad de carácter fue tomar lo que había sido designado para Dios y ponerlo en su propia tienda. Muchos ahora están haciendo lo mismo, y Dios está diciendo que no lo tolerará más. Lo mismo fue verdad para Saúl. Como el primer rey de Israel, él estaba inaugurando una nueva era en la historia del pueblo de Dios. Así que, cuando desobedeció y malinterpretó las profecías que el profeta Samuel le había dado, y actuó egoístamente guardando para sí lo mejor del rebaño y del enemigo, Dios lo juzgó severamente: canceló las profecías de Saúl y su ministerio. Le quitó el reino y lo dio en su lugar a David y a sus descendientes (1 Samuel 15).

Ananías y Safira. En el libro de los Hechos, leemos cómo fue establecido el Nuevo Pacto. La Iglesia del Nuevo Testamento estaba siendo instituida y establecida. No es de maravillarse, entonces, que cuando Ananías y Safira le mintieron al apóstol Pedro acerca de lo que habían hecho con sus finanzas, Dios los juzgó severamente (Hechos 5:1-11). Pedro decretó la pena de muerte profética de Dios, y esta fue ejecutada de inmediato.

Por otro lado, considere a Bernabé, quien vendió su propiedad y la colocó a los pies de los apóstoles, haciendo lo que Ananías y Safira solamente decían que habían hecho. Este mismo Bernabé llegó a ser un colaborador de Pablo y uno de los grandes apóstoles del Nuevo Testamento.

Dios estaba poniendo a su pueblo bajo una estricta medida. La integridad financiera condujo a Bernabé a ser promovido y a tener un ministerio fructífero. Pero el egoísmo financiero y la codicia de Ananías y Safira los llevó a la muerte. La manera como las personas manejan sus finanzas determina si su ministerio será establecido, crecerá y experimentará promoción, o si se marchitará y morirá.

Temor divino seguido de milagros. El resultado de este juicio fue que *"un gran temor se apoderó de toda la iglesia y de todos los que se enteraron de estos sucesos"* (Hechos 5:11). Creo que la misma cosa está sucediendo en nuestros días también. Cuando el temor de Dios venga a su Iglesia produciendo rectitud, entonces, muchas señales y prodigios serán llevados a cabo por los profetas y apóstoles.

El llamado de Dios de los últimos días. Ahora Dios está llamando no solamente al Movimiento Profético, sino a toda la Iglesia a mantener un estándar rígido de rectitud personal y ética ministerial. Como ministros proféticos en esta generación, seremos llamados a purificar y refinar al pueblo de Dios, luego de habernos refinado y purificado nosotros mismos. Dios nos concede la gracia para aprender cómo odiar lo malo y amar la rectitud tal y como Él lo hace, para que podamos evitar todos los peligros latentes y hablar la pura Palabra de Dios a la Iglesia y al mundo.

EXPLICACIONES Y DEFINICIONES DE LOS TÉRMINOS PROFÉTICOS DE LA VERDAD PRESENTE

EL MINISTERIO DE LOS CINCO OFICIOS

Hay cinco ministerios de los dones de ascensión, como es revelado en Efesios 4:11: apóstoles, profetas, evangelistas, pastores y maestros. Estos no son los dones del Espíritu Santo, sino más bien, una extensión del ministerio de autoridad de Cristo a la Iglesia. Su ministerio y función primordial es el de enseñar, entrenar, activar y madurar a los santos para la obra de sus ministerios.

APÓSTOL

Uno de los cinco ministerios de Efesios 4:11. Ser apóstol es un ministerio que establece las bases (Efesios 2:20); esto lo vemos en el Nuevo Testamento, en el establecimiento de nuevas iglesias —los viajes misioneros de Pablo—, corrigiendo errores al establecer el orden apropiado y la estructura —Primera Epístola de los Corintios— y llevando a cabo un ministerio de supervisión que crea otros ministerios (1Corintios 4:15, 2 Corintios 11:28). El apóstol del Nuevo Testamento tiene una unción de revelación (Efesios 3:5) y, con frecuencia, demuestra señales, prodigios y milagros. Durante el próximo movimiento de restauración, conoceremos más acerca de la función del apóstol.

PROFETA

Un hombre de Dios, a quien Cristo le ha dado el don de ascensión de un "profeta". (Efesios 4:11; 1 Corintios 14:29; Hechos 11:27; Hechos 13:1). Un profeta es un ministro de uno de los dones de ascensión que son una extensión del ministerio de Cristo a la Iglesia. Un ministro ungido que tiene la habilidad de percibir y hablar la mente específica de Cristo a individuos, iglesias, negocios y naciones.

Según el griego, quien predice, que habla inspirado (concordancia de Strong, pág. 62; concordancia de Vines, pág. 894, en inglés). Un proclamador de un mensaje divino. Entre los griegos, es un intérprete de los oráculos de Dios. En la Septuaginta es la traducción de la palabra **roeh** *–clarividente–, que indica que el profeta era uno que había tenido un intercambio inmediato con Dios (1 Samuel 9:9). También traduce la palabra* **nabhi***, que quiere decir "alguien en quien el mensaje de Dios emana, o alguien a quien algo es comunicado secretamente" (Amós 3:7; Efesios 3:5).*

PROFETISA

Profetis*, el femenino de profeta. Una mujer de Dios a quien se le ha dado una habilidad profética divina de percibir y hablar la mente de Cristo en asuntos específicos para un pueblo en particular. Definición de Strong: una "clarividente femenina o una mujer inspirada". Una mujer llamada especialmente que funciona como un profeta del Nuevo Testamento que ministra al Cuerpo de Cristo con lenguaje inspirado y pronunciamiento profético (Hechos 2:17; 21:9; Lucas 2:36; Isaías 8:3; 2 Crónicas 34:22; Judas 4:4; Éxodo 15:20). Profetisa es el título apropiado para una mujer con el don de ascensión y llamado. Profeta es el título apropiado para un hombre con este don de ascensión y llamado.*

EVANGELISTA

Desde punto de vista tradicional, el evangelista es un mensajero de las "Buenas Nuevas", que proclama el evangelio al mundo incrédulo. Esto es ejemplificado por el evangelista moderno que predica el evangelio de salvación en cruzadas y otros eventos por el estilo. Sin embargo, Felipe, uno de los evangelistas del Nuevo Testamento, mencionado en Hechos 21:8, realizó milagros (8:6), liberó a personas de los demonios (8:7), recibió instrucciones de un ángel (8:26), tuvo conocimiento revelatorio (8:29) y fue sobrenaturalmente trasladado de Gaza a Azoto (8:26-40). Estamos esperando la restauración al Cuerpo de Cristo de esta clase de evangelista.

PASTOR

Poiment, *un pastor, uno que guarda rebaños o manadas (no solo uno que los alimenta). Es usado metafóricamente para referirse a pastores cristianos.* **Episkopeo** *(supervisor, obispo) es un supervisor, y* **Pesbuteros** *(anciano) es otro término para la misma persona, como obispo o supervisor (definición de Vines). Es el título dado normalmente al ministro mayor de la iglesia local, sin tener en cuenta su llamado a uno de los cinco ministerios. Un ministerio de pastorado que alimenta y cuida al rebaño. Las responsabilidades que aparecen relacionadas con el ministerio pastoral incluyen supervisión y cuidado de los santos, proveer alimento espiritual para su crecimiento y desarrollo, liderazgo, guía y consejería. Los pastores proféticos no solo hacen las cosas que normalmente están asociadas con el pastorado, sino también se mueven con gracia sobrenatural y dones de Dios (profetizando, dando palabra de ciencia, sanidad), además de tener la visión y la disposición de desarrollar a los santos en sus dones y llamados.*

MAESTRO

Un instructor de la verdad (2 Timoteo 3:16). Toda escritura es dada por inspiración de Dios y es útil para enseñar, para redargüir, para corregir, para instruir en justicia. El profeta maestro del Nuevo Testamento es uno que no solo enseña La Palabra al pie de la letra, sino que también ministra con la vida divina y la unción del Espíritu Santo (2 Corintios 3:6). Exhibe una visión espiritual aguda, un discernimiento de La Palabra de Dios y su aplicación personal a los creyentes.

MINISTROS PROFÉTICOS

Los ministros proféticos son todos los otros ministros que no tienen el oficio de "profeta", pero que tienen uno de los cinco ministerios y creen en los profetas de la Iglesia de hoy. Ellos pueden ser usados en el ministerio profético al profetizar con el don de profecía, dando profecía personal en un presbiterio profético, dando consejería profética, ministrando con los dones del Espíritu Santo o ministrando en adoración profética. Todos los ministros de los cinco oficios del Nuevo Testamento deben tener la habilidad de hablar una palabra rhema revelando la mente y el propósito de Dios para las personas y para situaciones específicas (2 Corintios 3:6; 1 Corintios 14:31).

PUEBLO PROFÉTICO

Ellos son el pueblo de Dios, llenos del Espíritu Santo. Están cumpliendo el mandamiento bíblico de "desear los dones espirituales y procurar profetizar" (1 Corintios 12:39; 14:1-2, 39). Ellos creen en propagar y mantener el ministerio de los apóstoles y profetas en la Iglesia de hoy. Activamente, desean los dones y ejercitan sus sentidos espirituales, para que puedan ser completamente educados y activados en todos los dones del Espíritu Santo, los cuales Cristo ha ordenado para ellos –incluido el don de profecía, aunque no solo este– (Hebreos 5:14; 1 Corintios 12:7-11).

MINISTERIO PROFÉTICO

Esto incluye todas las maneras y formas por las cuales el Espíritu Santo nos da a conocer el corazón y la mente de Cristo para la humanidad. El ministerio profético incluye el ministerio del profeta, ministros proféticos y todo el pueblo profético. Abarca también todo el ministerio y las manifestaciones del Espíritu Santo, y todas las formas bíblicas en que Dios es alabado. Esto quiere decir, adoración profética con cantos, alabanza, profetizando, el canto del Señor, alabanza-danza, mimos y lenguaje de señas. De hecho, abarca todas las expresiones físicas que pueden apropiadamente glorificar a Dios y edificar a la Iglesia.

UNCIÓN Y MANTO PROFÉTICO

*Un estudio a fondo de la palabra "**unción**" revela que es usada para consagrar a las personas para una posición o ministerio particular. Ministrar con la unción profética quiere decir que usted está dotando al pueblo con la presencia de Cristo y los dones y la gracia del*

Espíritu Santo. Isaías 10:27 declara que el yugo es destruido a causa de la unción. Una aplicación en nuestros días significa la presencia manifiesta de Dios para satisfacer necesidades específicas.
Decir que una persona tiene una unción profética significa que ellos pueden fluir en el ministerio profético. Esto no necesariamente significa que esta persona tiene el llamado al oficio de "profeta". El manto profético tiene un significado similar. Si alguien ha profetizado, entonces esa persona tiene un manto profético. Esto implica que tiene la habilidad dotada de ministrar en el ministerio profético. El nivel será determinado con el uso y el tiempo (Éxodo 28:41; Salmo 2:2; 23:5; 105:5; Zacarías 4:6; Hebreos 1:19).

PROFECÍA

Propheteia (gr.), *sustantivo que significa: "la declaración de la mente y el consejo de Dios. Es la declaración de aquello que no puede ser conocido por medios naturales. Es el predecir de la voluntad de Dios, sea con referencia al pasado, al presente o al futuro" (Vines, pág. 893). La profecía del Nuevo Testamento funciona en tres esferas:*

1. *Jesús dando testimonio y alabanza inspirada por medio de uno de sus santos* **en la declaración profética o en el canto del Señor** *(Hebreos 2:12; Apocalipsis 19:10).*

2. *Una de las manifestaciones del Espíritu Santo llamada el* **don de profecía**, *el cual trae edificación, exhortación y consuelo al Cuerpo de Cristo (1 Corintios 12:10; Romanos 12:6).*

3. **El profeta hablando por declaración divina**, *con la mente y el consejo de Dios y dando una palabra* **rhema** *para edificación, dirección, corrección, confirmación e instrucción en justicia (1 Corintios 14:29; 2 Timoteo 3:16-17).*

Una profecía verdadera divinamente inspirada es el Espíritu Santo expresando los pensamientos y deseos de Cristo por medio de la voz humana.

PRESBITERIO PROFÉTICO

El presbiterio profético es cuando dos o más profetas y ministros proféticos imponen manos sobre individuos y les profetizan en un tiempo y lugar específico. El presbiterio profético es llevado a cabo por varias razones:

1. Para revelar a un miembro de la iglesia el ministerio de membresía en el Cuerpo de Cristo.
2. Para ministrar una palabra **rhema** de Dios a individuos.
3. Para activar e impartir los dones divinos ordenados, gracias y llamados.
4. Para la revelación, clarificación y confirmación del ministerio de liderazgo en la iglesia local.
5. Para "imponer las manos y profetizar" sobre aquellos que han sido llamados y preparados apropiadamente para ser un ministro de uno de los cinco ministerios.

ORACIÓN PROFÉTICA

Básicamente, es la oración dirigida por el Espíritu. Orando con entendimiento natural, es pedirle a Dios ayuda acerca de asuntos que tenemos conocimiento natural. La oración profética es profetizar con terminología de oración. Es oración que sale del espíritu en su lengua natural, fluyendo de la misma forma que uno ora desde su espíritu en una lengua desconocida. La oración da en el blanco y toca áreas específicas sin tener conocimiento en lo natural por lo que se está orando. Usa motivación profética, palabra de ciencia, discernimiento de espíritus, palabras de sabiduría, etc. La oración intercesora es mucho más efectiva cuando es hecha en la esfera de la oración profética. Al ministrar a personas en iglesias que no entienden o promueven el profetizar, el ministerio profético aun puede bendecir al pueblo, por medio de la oración profética. En lugar de profetizar "así dice el Señor" o "el Señor me muestra que", usted puede verbalmente decir: "Señor, oramos por esto"; "Jesús, tú ves que él o ella esta pasando por algo... qué difícil ha sido en el área de... o sobreponiéndose a...", etcétera.

CONSEJERÍA PROFÉTICA

Consejería profética sirve un propósito diferente al ministerio del profeta, presbiterio profético o consejería en general. Es un ministerio de uno-a-uno para ayudar a otras personas con sabiduría y visión bíblica, pero también con los dones del Espíritu Santo para descubrir problemas de raíz, y ministrar liberación y sanidad interior. La palabra de ciencia y el discernimiento de espíritus son las dos llaves necesarias para moverse con efectividad en esta área. Esto permite que el consejero elimine horas de discusión y vaya más allá del razonamiento humano para llegar al fondo del asunto y traer solución. Esto es lo que hace que la consejería bíblica sea mucho más efectiva que el psicólogo o psiquiatra, que usa solo la sabiduría humana y la psicología.

LOGOS

"Palabra" (gr.) es la palabra de Dios que no cambia, es inerrante, creativa e inspirada (Salmo 119:89: "Tu palabra (logos), Señor, es eterna, y está firme en los cielos"; 2 Timoteo 3:16; 1 Corintios 2:13). El logos es toda la palabra de Dios escrita —La Biblia—. Es la revelación completa de Dios —su persona, carácter, plan y propósito eterno— como se encuentra en La Escritura.

RHEMA

"Palabra" (gr.), derivado del verbo "hablar" (Romanos 10:17: "Así que la fe viene como resultado de oír el mensaje, y el mensaje que se oye es la palabra (rhema) de Cristo"). Una rhema es una palabra o una ilustración que Dios nos habla directamente y se dirige a nuestra situación particular. Al mismo tiempo, es inspirada por el Espíritu Santo palabra del logos que trae vida, poder y fe para desempeñarla y llevarla a cabo. Su significado es ejemplificado en el mandato de tomar la "espada del Espíritu", la cual es la palabra (rhema) de Dios (Efesios 6:17). Puede ser recibida por medio de otros como en una palabra profética o puede ser una iluminación dada directamente en un tiempo de meditación personal en La Biblia o en oración.

El *Logos* es *La Palabra de Dios establecida –Las Escrituras– y el rhema es una porción particular alineada con el Logos traída por el Espíritu para ser aplicada directamente a algo en nuestra experiencia personal.*

ALABANZA Y ADORACIÓN GUERRERA PROFÉTICA

Estas son expresiones bíblicas de alabanza y adoración (cantando, palmeando, danzando, levantando las manos, inclinándose, etc.) que son dadas a Dios, inspiradas y dirigidas por el Espíritu Santo, que provienen del corazón del hombre. La adoración profética es donde se oye la voz de Dios y se siente su presencia, así como Cristo comienza a cantar y a expresar alabanza al Padre por medio del su pueblo. (Hebreos 2:12; Salmo 22:22; Apocalipsis 19:10). Esas alabanzas altas de Dios exaltan al Señor y llevan a cabo guerra espiritual en los lugares celestiales (Salmo 149:6-9; Efesios 6:12; 2 Corintios 10:4-6). Es adoración que es expresada en obediencia a un impulso de Dios que trae una palabra profética, manto o unción que resulta en la manifestación del poder divino (2 Crónicas 20:14-22; 2 Reyes 3:15; 1 Samuel 10:5-6).

CANTO PROFÉTICO

Un canto que es inspirado, ungido y dirigido por el Espíritu Santo por medio de un individuo; usualmente, espontáneo en naturaleza, que expresa la mente de Dios en forma musical. Es, literalmente, profecía en un canto (Colosenses 3:16; Efesios 5:19). Estos cantos son dirigidos al hombre con el propósito de edificar, exhortar y consolar, o pueden ser dirigidos por Dios a medida que el Espíritu Santo nos ayuda a expresar nuestra profunda devoción, lo cual no podríamos hacer ordinariamente por nosotros mismos (Hebreos 2:12; Romanos 8:27; Sofonías 3:17: "Porque el SEÑOR tu Dios (…) se deleitará en ti con gozo, te renovará con su amor, se alegrará por ti con cantos").

ALABANZA PROFÉTICA: DANZA Y SEÑALES

Movimientos físicos que inspiran y que son ungidos por el Espíritu Santo y muchas veces acompañados por el canto profético –canto del Señor, cantos espirituales– (Éxodo 15:20-21; 1 Samuel 21:11). Es usado en alabanza, adoración y veneración a Dios que, en sí mismo, pueden traer el manto profético (1 Samuel 18:6). Puede ser espontáneo o con coreografía (planeado de antemano). A veces, puede comunicar pensamientos divinos, ideas y propósitos –una expresión visible de lo que Dios está diciendo– (Hechos 21:10-11; Job 42:5: "De oídas había oído hablar de ti, pero ahora te veo con mis propios ojos").

GRACIA

Gracia es la capacidad divina de Dios sin merecerlo. Es la habilidad de Dios gratis (dones, talentos, etc.), demostrada a través nuestro –vasos de barro–, a pesar del pecado y de la debilidad humana. Es tener la habilidad sobrenatural, sin merecerlo, de desempeñar y llevar a cabo aquello que Él ha dispuesto (Efesios 2:8-9).

ACTIVACIÓN

Es desafiar al pueblo con la verdad para recibir y manifestar la gracia de Dios para hacer lo que La Biblia dice que ellos pueden hacer. Se impulsan, levantan, estimulan y desatan las habilidades de Dios en los santos. Los dones son dados por el Espíritu Santo, pero activados por la fe del creyente. Así como el don de vida eterna, el cual es dado gratuitamente, pero no es activado dentro del individuo hasta que él cree en su corazón y confiesa con su boca al Señor Jesús.

MINISTERIO DE MEMBRESÍA

Es cada miembro individual en el Cuerpo de Cristo hallando y manifestando los talentos, habilidades y llamados dados por Dios, para que "cada coyuntura" sea suplida de acuerdo a los planes y propósitos divinos (Efesios 4:16; 1 Corintios 12:7-11; 1 Pedro 4:10; 1 Corintios 14:26). Cada miembro en el Cuerpo de Cristo tiene un ministerio que necesita ser educado y activado en él.

ESCUELA DEL ESPÍRITU SANTO

Es un tiempo de entrenamiento, en el cual los santos de Dios son discipulados en un ambiente de "casa caliente", para discernir el lenguaje del Espíritu Santo y manifestar sus dones bajo supervisión y cuidado apropiado. Es un tiempo y lugar para aprender a discernir entre el alma humana, la esfera del Espíritu Santo y la palabra que opera en ellos, haciendo que ejerciten sus sentidos espirituales (E.S.E.) y ejercitando sus dones espirituales (E.D.E.).

COMPARTIENDO LA MENTE DE CRISTO (UN PENSAMIENTO DEL TRONO)

Es la habilidad de cada creyente, de sacar del Cristo que habita en uno y compartir, sin usar la terminología de la deidad ("Así dice el Señor, Dios dice, o así dice Jesús"), lo que siente que Jesús, la Cabeza, le está diciendo a su Cuerpo. Esto está basado en 1 Corintios 2:16 y Apocalipsis 19:10.

COMPAÑÍA DE PROFETAS

Este término se refiere hoy a la multitud de profetas que Dios está levantando por todo el mundo en estos últimos días, para anunciar la segunda venida de Jesucristo. Estos profetas han sido traídos para ser enseñados, entrenados y activados en su ministerio preordenado de "preparar el camino para el regreso de Jesús y para establecer su reino sobre toda la tierra" (Isaías 40:3, 5) y de "preparar un pueblo para el regreso de Cristo". Ellos trabajan para purificar la Iglesia en justicia, para madurar a los santos para el ministerio, para ser desposada, para colaborar y reinar juntamente con Dios sobre su vasto dominio (Lucas 1:17; Efesios 4:11; 5:27).

ESCUELA DE LOS PROFETAS (HIJOS DE LOS PROFETAS)

Según el Diccionario Webster: "Entre los antiguos israelitas, una escuela o colegio en el cual los jóvenes son entrenados y educados para que se conviertan en maestros de religión entre su pueblo. Estos estudiantes eran llamados `Hijos de los Profetas'". Esto se refiere a un *grupo de personas que tienen el llamado al ministerio profético y se han juntado para ser entrenados en escuchar y reconocer la voz de Dios, y en cómo ministrar la palabra apropiadamente y a tiempo, con gracia y sabiduría para la gloria más grande de Dios y el bienestar de la humanidad. Samuel es reconocido como el fundador de la Escuela de los Profetas, la cual fue continuada con profetas como Elías y Eliseo. Basado en 1 Samuel 19:20, con respecto a Saúl, David y Samuel, la "escuela de profetas" sirve como una cobertura para la compañía Davídica —la nueva orden que Dios está levantando para ministrar— para alimentar y protegerlos de la persecución de los religiosos de la orden antigua —Saúl.*

SEMINARIO DE PROFETAS

Estos seminarios se llevan a cabo por medio de la oficina principal de CI-NPM en la Florida para enseñar, entrenar y activar a los santos en los dones del Espíritu y el ministerio profético para levantar un pueblo profético del Señor. El énfasis de nuestro ministerio es ayudar, instruir, activar profetas en una función poderosa, apropiada y pura en el Cuerpo por medio de la impartición de dones, presbiterio profético, enseñanza ungida y participación práctica en el entrenamiento. Hay instrucción beneficiosa para pastores y otros ministros de los cinco oficios para realzar su funcionamiento y relación con el ministerio profético. También, todos los que asisten reciben un tiempo de presbiterio personal profético.

CONFERENCIAS PROFÉTICAS

CI-NPM usa la palabra "conferencias" cuando se refiere a reuniones que se llevan a cabo en la iglesia local y que son patrocinadas por el pastor local. Los profetas y otros ministros proféticos predican y ministran, pero cada mensaje dado no necesariamente trata con lo profético. También, debido a la naturaleza del horario, no es posible asegurar que cada persona que asiste, usualmente, reciba ministración profética o que el presbiterio imponga sus manos.

CONFERENCIAS PROFÉTICAS REGIONALES

Estas son conferencias de profetas patrocinados por CI-NPM y se llevan a cabo en regiones diferentes del país, para promover y propagar el ministerio profético en esa área y ministrar a un número más grande de santos.

CONFERENCIA INTERNACIONAL DE LOS PROFETAS

Las Conferencias Internacionales de los Profetas son reuniones de los profetas, ministros proféticos y pueblo profético de todo el mundo. Christian International patrocinó la primera de esta clase de conferencia conocida en los anales de la Historia de la Iglesia en el otoño de 1987. Los eventos fueron designados como un vehículo para ayudar en la diseminación del ministerio profético alrededor del mundo, para que millones puedan ser bendecidos y para que haya un acuerdo común y se lleve a cabo lo que Cristo le está hablando a la Iglesia. Christian International y la Red de Ministerios Proféticos planean una Conferencia Internacional de Profetas que se lleva a cabo todos los años en octubre para traer madurez, unidad y fruto de la obra de restauración que Dios está haciendo en la tierra.

RED DE MINISTERIOS PROFÉTICOS (RMP)

Una red de profetas, ministros proféticos e iglesias proféticas trabajan juntas y se relacionan bajo la cobertura de una junta de gobernadores probados de apóstoles y profetas, y un profeta mayor ungido, para producir un ministerio profético maduro e integrado. Es una asociación y comunidad de aquellos que tienen un corazón y una visión para ver el ministerio profético restaurado, para un reconocimiento completo y una función en el Cuerpo de Cristo, junto con aquellos que sienten un llamado a un ministerio profético de tiempo completo. La Red de Ministerios Proféticos provee un punto principal de reunión para que los ministros proféticos tengan comunión, instrucción y una fuerza unificadora con el fin de ser una voz clara del Señor para la Iglesia y el mundo.

IGLESIAS PROFÉTICAS

Este es el término usado para identificar iglesias locales en la Red de Ministerios Proféticos y de Iglesias. La palabra "iglesias" no fue incluida en el término RMP porque "ministerios" cubre a ambos: al ministerio profético y su ministerio en la iglesia. Abarca a aquellos que califican para ser reconocidos y promovidos como una iglesia local profética que ha desarrollado los siguientes ministerios en la iglesia: ministros proféticos capacitados y santos competentes para formar un presbiterio profético; equipos proféticos para sanidad, consejería profética, profetizar y ministrar la gracia de Dios y liberación por medio de los dones del Espíritu Santo. El pastor profético necesita la experiencia y la madurez suficiente para dar supervisión apropiada, estructura, motivación y dirección para poder mantener control sin restringir el fluir del ministerio profético.

ESTILO DE VIDA PROFÉTICO

Estas son personas que viven sus vidas de acuerdo al logos y a La Palabra de Dios, rhema. El Logos es la norma general de su vida, y el rhema les da dirección en áreas específicas. El fruto del Espíritu Santo es una característica de su motivación, y los dones del Espíritu Santo son su manifestación para satisfacer las necesidades de la humanidad. Ellos permiten que sus vidas se conviertan en una expresión profética de Gálatas 2:20: "He sido crucificado con Cristo, y ya no vivo yo sino que Cristo vive en mí. Lo que ahora vivo en el cuerpo, lo vivo por la fe en el Hijo de Dios, quien me amó y dio su vida por mí".

EVANGELISMO PROFÉTICO

La evangelización está en el corazón de Dios. Cristo murió para salvar a los pecadores. Jesús vino para buscar y para salvar lo que se había perdido. La evangelización fue restaurada en el Movimiento Evangélico y ha tomado una nueva dimensión con cada mover adicional de Dios. El Movimiento Profético también está añadiendo una nueva dimensión a la evangelización. Los santos son instruidos y activados en los dones sobrenaturales del Espíritu Santo. Ellos son entrenados en la iglesia, pero el objetivo es enviar a equipos proféticos de evangelización con un ministerio sobrenatural, por las autopistas y caminos, obligando a las personas a que vengan al Reino de Dios. El último mover divino será el movimiento de los "santos", el cual hará que más almas sean salvas de las que han sido salvas desde que la Iglesia comenzó.

Esperamos que este libro
haya sido de su agrado.
Para información o comentarios,
escríbanos a la dirección
que aparece debajo.
Muchas gracias

info@peniel.com

www.peniel.com

CÓMO ENTENDER Y RESTAURAR
EL MINISTERIO DEL PROFETA
Y LO PROFÉTICO, CON INTEGRIDAD
Y BALANCE BÍBLICO

¿Cuál es el propósito de Dios para los profetas de hoy?
¿Quiénes son los profetas, los ministros proféticos y el pueblo profético?
¿Por qué un movimiento profético ahora?
¿Cómo me afecta a mi y a la Iglesia?
El verdadero ministro profético versus los engaños de la nueva era
El profeta y los cinco ministerios de Cristo

Libros para siempre